Konsequent ICH
Narzisst ausgedient

Sinnsprüche zum Buch

aNette : Freifrau von Hüttmann

Für jeden, der mit übergriffigen Menschen, Institutionen, Personen
(das ist was ANDERES, als ein Mensch bzw. lebendes Wesen, denn
Menschenrechte gelten nur für Personen und nicht für atmende
Zweibeiner!) zu tun hat oder Opfer von Peinigern ist. Diese Übergriffe
teilweise als Folter oder schlimmer auf ihn wirken. Für jeden, der sich
unverstanden sieht und oft Dinge anders sieht, als die, in seinem
Umfeld, sozusagen alleine auf weiter Flur stehen.
Peiniger können sowohl Menschen sein, als auch eigene Erfahrungen
und die Vergangenheit. Hier geht es nicht nur um Narzissten, Mobber,
Stalker etc., sondern um die BEFREIUNG FÜR DICH, DIE HILFE durch
diese sinnstiftenden Helfer, damit du FÜR DICH in eine andere
Richtung schauen kannst, damit du dich verstanden fühlst,
abschließen kannst, dich los lösen kannst und schon die erste Wirkung

hast, bis das Gesamtwerk fertig ist. Du sollst freier werden, damit du die Freude wieder spürst, statt fest zu stecken und das ist meine Ambition und meine Motivation mit allem, was ich mache, für die Menschen und schaffe die Grundlage, damit der Blick optimistischer wird und mehr von uns dafür sorgen, dass das Kollektivbewusstsein einen neuen Schwung in die andere Richtung bekommt, durch deinen neuen Blick, weil du dein Potenzial befreist und in dir die Sicherheit, das Vertrauen, die Anbindung und alles wieder ent : - : deckst, sehen kannst, was du bereits hast, nur etwas zugeschüttet, verdeckt etc.. Diese Decke soll langsam, so, dass du dich sicher fühlst, weg gezogen werden, damit du in einer lange unsichtbaren Kraft leuchten kannst. Hier greife ich für dich schon in die Schatzkiste, bevor du das Gesamtwerk bekommst, auf das allerwichtigste Tool zu. Nutze diese Sinnsprüche wie deine eigenen Glückskekse und lass sie täglich mehrfach FÜR DICH wirken und hab viele Erkenntnismomente und vor allem: Spaß & Freude daran. Ziel ist es, dass du Peiniger schneller entlarvst und fällst immer weniger auf sie rein und bald interessieren sie sich nicht mehr für dich und du kannst besser mit denen umgehen, mit denen du noch stark verbunden bist (Familie, Arbeit o.a.).
Deine Politeuse für URVertrauen und Intuition, die ECKIGES hilft, rund zu machen,

die, die man **aNette** nennt,
manchmal, nicht immer!

Endlich wieder Leichtigkeit und starkes Gefühl von Wert für dich selbst, durch Sinnsprüche (aus dem Hauptwerk) die tief wirken & heilen.

Alles geht von innen nach außen! ALLES: Leben, Gesundheit, dein Strahlen, Leuchten, wahre Gefühle, deine Wahrhaftigkeit, was du über dich selbst denkst, einfach alles. Darum ist es so wichtig, was du an dich und in dich lässt, ohne dich schützen zu müssen.

Schau **rückwärts**, um zu erfahren, um zu lernen, wie du dich von innen wieder stärken und stabilisierst und wieder **ZU DIR HIN** bewegst. Viele haben vor ihrer eigenen Stärke und Kraft Angst und trauen anderen mehr, als sich selbst und zollen dem Außen mehr Anerkennung.

Das darf stufenweise & schrittweise geändert werden und anfangs durch **Bewusstsein** sortiert und durch die **Innenschau und Stabilisierung** wird dann vieles im Außen leichter und immer mehr in die Leichtigkeit gebracht und du wirst mehr Respekt für dich selbst sammeln, statt auf Anerkennung anderer angewiesen zu sein.

Du stärkst deine Intuition, Instinkte und bekommst viele Impulse, um mit Hilfe deines Unterbewusstseins nach und nach an dich heran zu führen. Wenn du innerlich stark bist, hast du künftig Peiniger schneller entlarvst und fällst immer weniger auf sie rein und bald interessieren sie sich nicht mehr für dich, du wirst unsichtbar und du kannst besser mit denen umgehen, wenn du (noch) im Kontakt bist oder langsam reduzieren kannst (Familie, Arbeit o.a.).

Diese Peiniger nehmen so viel von dir und deinem Leben in Anspruch, dass sie 24 Stunden füllen und dich völlig von dir selbst ablenken. Sie blockieren dein Gehirn und du denkst rund um die Uhr an diese Peiniger und bleiben dadurch aktiv! Damit ist Schluss.
Hiermit hilfst du dir „über den Zaun", zurück & hin zu dir, dort wartet die Tür zum Paradies und dieses Werk ist der erste Schritt, dir diese Türen zu zeigen, dann verlieren Peiniger automatisch ihr Interesse an dir! SO SOLL es sein, denn du wirst Peiniger **nicht ändern** und deshalb handle FÜR DICH selbst und heile dich mit Innenschau und der helfenden Kraft, deines Bewusstseins und Unterbewusstseins!

Mobber, Energievampire, Psychopathen, Cholerikern, Soziopathen, Perfektionisten, Machtbesessenen, Stalker o.a. verschwinden auf diese Art nach und nach aus deinem Leben und du stoppst deine eigenen Anteile (Perfektionismus endet dadurch, weil der Dünger weg fällt, weil du dir selbst wieder genug bist, denn Perfektionisten sind sich selbst nie genug und werden niemals „fertig", macht sich zum eigenen Opfer), die dich ebenfalls quälen.
Du hast dich irgendwann verloren oder Teile von dir getrennt und dieses Werk soll dich in die Leichtigkeit führen, zu deinem eigenen stabilen Fundament.

Starke Säulen – starke Wurzeln – stark aus deinem Inneren – Fürsorge, die du jederzeit abrufen kannst und erschaffst = damit werden Peiniger überflüssig, du brauchst sie nicht mehr, als helfende

Spiegel, als Bakterien, die Wunden entzünden lassen, damit die Ursache angeschaut wird und du findest innen, was du **im außen so sehr gesucht hast und nie bekommen konntest**. Du kannst vergeben & loslassen, nicht nur, weil dein Verstand sagt, dass es besser für dich ist, sondern weil du in der Tiefe befreit und geheilt bist, damit du endlich vorwärts lebst! RÜCKWÄRTS bist du dann befreit und erlöst und wenn du in die Normalrichtung gehst, wirst du leichter gehen. Stell dir vor, du musst immer rückwärts laufen, obwohl die Augen nach vorne gehen, dass du dich nicht so sicher fühlst, ist wohl klar und damit ist dann endlich die Vergangenheit da, wo sie hin gehört und darf gewesen sein!

Alte Wunden werden aufgeräumt und das Vergeben lohnt sich, weil dann auch die Peiniger keine Griffe mehr an dir finden, durch deinen Weg konsequent ZU DIR! (KONSEQUENT ICH!). Das ist der WEG und diese Sinnsprüche bereiten die helfenden Grundlagen dazu!

Selbsterlösung
Selbstwertgefühl
Selbsterkenntnis
Selbstbewusstsein
Selbstvertrauen
Selbstwahrnehmung
Selbstermächtigung
Selbstheilung
Selbstverwirklichung
Selbstliebe

Fundament aus URVertrauen und Intuition

Diese Augenöffner bringen dir Linderung, Besserung und viel Bewusstsein und hoffentlich Humor und die Freude, mit der ich sie FÜR DICH geschaffen habe.

Im **Hauptwerk** findest du viele Beispiele von Betroffenen, Erlebnisse, helfende Übungen, **lösende Fragen**, die auf den Punkt gehen und durch diese Rettungsankern kommst du an deine inneren Lichter & Erleuchtungsmomente, die die Aussicht haben, bis tief in deinem Unterbewusstsein für dich zu wirken. Solange das Hauptwerk noch nicht veröffentlich ist, biete ich es dir gern kostenlos als Testleser an, denn ich möchte dich stark machen! Je stärker wir als einzelnes Individuum sind, umso mehr werden ALLE drum herum mit **gestärkt** und umso stärker werden wir als **Menschheit** und können Verantwortung nehmen und geben.

Ich möchte dich an den Erfolge anderer teilhaben lassen, die mit Leichtigkeit Erlösung fanden, so, dass die blockierenden Leute uninteressant wurden, sowohl in die eine, wie auch in die anderer Richtung. Mit meinem ganzheitlichen Blick und meine vielen „NeugierBereiche" und Interessen für Heilkunde o.a. waren viele ungewöhnliche Ansätze möglich.

Betroffene gehen meist in Selbstzweifel und Rückzug, das kann gestoppt werden, du kannst nach und nach die Decke der Zweifel weg ziehen und du kommst wieder ins wahre Leben und mit starken Säulen erlebst du deine Sicherheit, die in dir schlummert.

Auch für Männer oder extrem extrovertierten Frauen, die teilweise hochsensibel sind und auch Angriffe erleiden oder selbst narzisstische Züge hatten oder haben! Sie brauchen künftig keine Aggression mehr, besondere Härte oder extreme Lautstärke, sondern aus der inneren Kraft lebst du die Stärke mit Leichtigkeit, weil sie wahrhaftig von innen kommt. Jeder hat seine eigenen Begriffe, für mich ist es eine Art Frieden, URVertrauen, Verbundenheit. Finde, was dir sympathisch ist.

Auf einem starken Fundament stehen stabile Säulen und diese URKräfte wirst du für dich gewinnen und JA, auch schon durch den einen oder anderen Sinnspruch. Wenn dich ein einziger Augenöffner rettet, dann ist sein Zweck erfüllt!
Sag konsequent JA zu DIR und triff den **Entschluss** FÜR DICH, das ist der **wichtigste 2. Schritt,** das ent -:- **Scheiden** vom Peiniger weg und HIN ZU DIR: **Konsequent ICH!**
Der 1. Schritt ist getan, durch das Bewusstwerden.

Mach dir klar, dass Mobber und Narzissten die **Suchtzentren** im Hirn aktiviert haben und dass der Weg aus dem **Opferdasein** nur hin zum „konsequent ICH" führen wird!
Ärger dich nie über Rückfälle und feiere dich für jeden Erfolg.

Wenn Übergreifer von dir gelangweilt sind, dann kannst du dich geschmeichelt fühlen, denn du wirst unsichtbar für sie und danach verschwinden sie von selbst und im Übergang kannst du sie leichter

ertragen und siehst sie als **Leitpfosten** auf deinem **Weg** zu mehr innerer Stärke an und kannst sie belächeln und für dich positiv nutzen, bis sie verschwinden, weil sie deine Energie nicht mehr bekommen, deine Energietankstelle ist geschlossen.
Je stärker du dich wieder FÜR DICH aufstellst, um so unsichtbarer wirst du für solche Leute, ich weiß das aus eigener Erfahrung.
Umso tiefer du unten bist, desto leichter können sie dir deine wenige Energie stehlen und dort gehört die Tür geschlossen, das schaffst du mit dem **1. Schritt**, dem Bewusstmachen.

Je mehr du denkst, dass du ein Opfer bist, umso klarer ist dein **EINZIGER Weg** zur Lösung und das weiß ich, obwohl ich dich nicht kenne! Du brauchst **niemanden** zu **bekämpfen**, der Weg nach Innen IST der einzige Weg. Lebe es: sag dir ständig aus deinem Inneren heraus: **KONSEQUENT ICH**!
Wie du verhindern kannst, dass es zu Egoismus führt oder aus dem EGO heraus gelebt wird? Vorher ins **Herz** atmen, dich dort **mit dir** verbinden und dann sag dir während der Atmung: KONSEQUENT ICH!
Auch die **Herren** schaffen das und auch die ganz Harten ☺.
Das war mein stärkster Rettungsanker, auch bei Hirnwürmern, dem ewigen Geschnatter im Kopf! Freu dich immer mehr auf dich selbst.

Wenn du heute noch Bedenken oder Angst davor hast, dann gewöhn dich langsam daran und nur, wenn du dich **selbst** magst und achtest, kannst du andere achten und mögen, ohne drauf angewiesen zu sein,

aus der Bedingungslosigkeit heraus.
Wenn du dich selbst nicht magst, warum sollten es andere?
Obwohl häufig berichtet wird, dass andere eine bessere Meinung von dir haben, als du selbst. Das ist die Vergangenheit und jetzt geht es in eine andere Richtung - RÜCKWÄRTS ZU DIR HIN und dann in vollem Bewusstsein nach VORNE!
Ich möchte dir in diesem „Vorwort" schon so viel mitgeben, was dann schon bald zu einem neuen Gesamtwerk führt.

Du bist dir über vieles bewusst und im Klaren, dennoch ändert das **Wissen nichts an der Tatsache**. Woran das liegt? Die Auswirkung auf dein **Unterbewusstsein** fehlt oft und wie das funktioniert, darum geht es auch im Hauptwerk! Die ersten Testleser empfanden die Sinnsprüche teilweise als stark helfend & wirkungsvoll, dass sie darum gebeten haben, dass diese separat vorher veröffentlicht werden.
Nutze sie wie Glückskekse. Sie stiften dir Sinn und helfen, damit auch du dich jetzt schon umdrehst und dein Lebensmittelpunkt bist, statt auf andere zu REAGIEREN und gesteuert zu sein. KONSEQUENT ICH.

Zertrümmere dein Glashaus und lebe dein Leben, geh raus aus dem Magnetkreis der Peiniger und schaff dir dein eigenes Feld!

Gruß von der Politeuse für URVertrauen & Intuition, aNette

Konsequent ICH
Narzisst ausgedient
Zweck erfüllt: Problem erkannt und gebannt!
Damit du künftig uninteressant für Peiniger bist!

ODER

mit den folgenden Regeln bindest du Narzissten, Stalker, Mobber o.ä.
garantiert stärker **an dich,** frei und willig!

Der Narzisst wird entzückt sein, bei so viel Beachtung, die er
geschenkt bekommt, weil er im Mittelpunkt stehen muss und sich
sonst unwohl fühlt und auf sich zurück geworfen ist und auf seine
Schwächen, von denen er ablenken muss und für die immer nur
andere verantwortlich sind, niemals er selbst.

\# Befasse dich mit roten Autos und du siehst vermehrt rote Autos.
Befasse dich mit verrückten Leuten und du siehst vermehrt verrückte
Leute! Orientiere dich an deiner eigenen Stärke und du wirst ständig
Beispiele finden, auf decken, wo du stärker bist! Obwohl ich dich nicht
kenne, weiß ich sehr wohl, dass du stärker bist, als du dir selbst
bewusst bist und wenn ich 10 Min. mit dir gesprochen habe, werde ich
dir jede Menge Beispiele ÜBER dich zeigen!

Diese 18 Regeln **binden** den Narzissten garantiert fester an dich oder du machst sie dir bewusst und machst das Gegenteil:

(Es gibt auch weibliche Narzissten, hier ist beides gemeint)

1) gib ihm die volle **Aufmerksamkeit** und lass ihn im Mittelpunkt stehen, immer, rund um die Uhr und orientiere dein Leben nur noch am Narzissten und

2) egal was er von dir will oder dir vorwirft, fühl dich immer **schuldig** und übernimm jede Verantwortung von ihm und

3) **glaube** ihm alles, besonders, wenn er dir einredet, dass du der Übeltäter bist = du bist **immer** für alles der Übeltäter, auch, wenn es völlig anders ist, nimm es persönlich und

4) **hinterfrage nie,** stell nichts in Frage, was er behauptet und

5) übe nie **Kritik** an ihm oder seiner Art, das wäre dein Todesurteil, er würde dich an einen öffentlichen Pranger stellen und fallen lassen, indem er dich aus seinem Leben streicht und

6) liefere ihm nie Beweise, dass er **Unrecht** hat, **widersprich** ihm nie, er wird es so gegen dich verwenden und verdrehen, dass du der Übeltäter bist und du das auch noch selbst glaubst und

7) wenn er dich **kontaktiert**, reagiere sofort und **reagiere immer** auf alles, nimm seine Telefonate umgehend und ohne Verzögerung an und wenn er schreibt, antworte innerhalb einer Sekunde und

8) erfülle ihm jeden **Wunsch**, egal, wie abwegig es ist, auch, wenn er dein letztes Hemd oder Geld haben will, gib ihm immer alles und noch mehr, als das, was er verlangt und

9) **werde** so, wie er es von dir erwartet, lese seine Gedanken und gib dich auf und sei gefügig, wie ein dressiertes Tier. Verlange keine Gegenleistung, so wie das Tier Futter oder Leckerli, je mehr du erwartest, umso weniger bekommst du und

10) wenn er dir sagt, dass du dich **verändern** sollst, dann mach das sofort, lass dir genau erklären, wie er das meint, auch, wenn du nie perfekt sein wirst, selbst, wenn du sein **Drehbuch** 1:1 umsetzt und verdreh dich möglichst stark, nur so schaffst du es stark genug gegen dich selbst zu steuern und über kurz oder lang krank zu werden und

11) mach ihn zu deinem einzigen **Lebensinhalt**, schaffe alle **Hobbys** oder Interessen ab, gib ihm den höchsten Stellenwert in deinem Leben. Nichts steht höher, als er und

12) wenn du Symbole der **Religion** anbetest, mach ihn zu deinem neuen **Symbol**, zu deiner neuen Religion und

13) obwohl er weit über dir steht, schlauer ist und gebildeter, umgibt er sich mit dir, dafür musst du ihm freiwillig die Füße küssen und es kann sein, dass es noch andere gibt, mit denen er sich ebenfalls umgibt: werde niemals eifersüchtig, er wird dich mit noch weniger Aufmerksamkeit züchtigen und

14) wenn du ihn darauf aufmerksam machst, zieh dich warm an, die Wahrheit wird dir weh tun, nicht ihm und

15) wenn du dich bei ihm entschuldigst, wird er die Entschuldigung niemals annehmen, Vergebung und Güte sind ihm fremd und wenn er Fehler begeht, wird er dich auch nie um Verzeihung bitten, denn er bleibt für dich unfehlbar und

16) wenn er dir was Nettes sagt oder dich lobt, dir Anerkennung für eine Leistung zeigt, dann nur, weil er etwas von dir benötigt, was du ihm sonst evtl. versagen würdest, auch, wenn du schon alles gegeben hast und

17) wenn du je das Gefühl von Geborgenheit, Vertrauen ins Leben (Urvertrauen), hattest, gib das sofort an den Narzissten ab, denn er braucht es so sehr für sich, weil er nie vertraut hat.

Zum Glück sorgt er dafür, dass du dich weniger an die Zeit erinnerst, als du wahres Vertrauen ins Leben und dich hattest,

weil er perfekt mit dir spielt und dein Bewusstsein manipuliert.

Das ist prima, so wirst du immer mehr in den Mangel getrieben und du kannst ihn dafür nicht verantwortlich machen, die Erinnerung fehlt. Dein Ego wird sein Handlanger und hilft erfolgreich mit Zweifeln und neuen Glaubenssätzen[1] nach. Er ist geschickt, treibt dich mit jedem Schritt tiefer in die Abhängigkeit und macht dich willenlos und jeder Kontakt mit ihm entfernt dich von dir selbst und du spürst weder dein Herz, noch etwas anderes, außer die Sucht und die Abhängigkeit und

18) er verdreht alles und du wirst irgendwann fest glauben, dass du der Verursacher von all dem bist. Wenn etwas Schönes geschieht,

---

[1] Glaubenssätze sind unbewusst Einflüsse, die uns meist hindern, in unserer Kraft zu sein und beeinflussen. Sie können auch positiv sein. Befasse dich mit der Definition und mach dir das bewusst. Mehr dazu im Hauptwerk.

dann wurde das selbstverständlich nur vom Peiniger ausgelöst. Das Gute von ihm, das Schlechte von dir. Solange du mit ihm abgelenkt bist, wirst du nie dein wahres Leben und dich selbst leben und von dieser Energie saugt er ab.

Sollte eine dieser Regeln falsch oder unvollständig sein, dann fang oben an und eine wird immer passen, egal, was geschieht oder mit welcher Art Narzissmus du zu tun hast oder ob es eine andere Art von Peinigung ist, wo deine Lebensenergie abgesaugt wird.
Je länger du Energie verschenkst & durchhältst, umso besser klappt es mit diesen Regeln und den Energievampiren, Stalkern, Mobbern, Machtbesessenen, Psychopathen, Soziopathen, Cholerikern o.a..

Du kannst vermutlich noch viele Regeln ergänzen, bis du umfällst, nützlich ist das nur, wenn es dir hilft & du erkennst die offene Tür zu deinem eigenen und leichteren Leben, die du bisher übersehen hast. Endlich nimmst du die Sicherheit in dir selbst wahr! Darum geht es hier: dich selbst zu aktivieren und zum Lebens**mittelpunkt** zu machen! Oder wende weiterhin die 18 Regeln an, dann wirst du mehr von dieser Sorte anziehen. Du bist immer Chef deines Lebens.

Oder reduziere 18 auf 2 §, für Narzissten / Mobber etc.:
§ 1 ich habe immer Recht
§ 2 wenn ich nicht Recht habe, gilt § 1
Diese Regeln kennst du garantiert von woanders?

Wenn dir das schon geholfen hat, um das eigenen Leben in die Hand zu nehmen: nimm die 18 Regeln, streich Worte wie: immer, ständig, absolut und wirf die Generalisierungen raus, streich ein paar Punkte und dann kommst du dem NAHE, was du FÜR dich selbst machen solltet, wie du ein großes Stück an deine eigenen Wurzeln heran kommst und in die Wertschätzung für dich selbst!
Lebe, was für dich vorgesehen ist, täglich ein Stück näher ran,
an – konsequent ICH!

Ich fühle mich selbst wie eine Blume, die nach einer langen Trockenzeit Wasser bekommt, wenn ich sehe, wie toll es klappt, wenn die Menschen an sich zurück angebunden werden, wenn sie ihr Leben nach und nach in die eigenen Hände (zurück) nehmen können und sich selbst trauen. Ganz am Ende dieser Seiten findest du die extrem wichtige HERZATMUNG und lies das zuerst, weil sie dich so schnell retten kann, wie fast nichts anderes.
Alles, was mit # startet, sind Sinnsprüche und Zitate vom Autor und falls du sie verwendest, bitte nenn die Webseite dazu und den Autor aNette ®. Hier wird übrigens weiblich und männlich gleich eingestuft, drum bleibe ich bei einer alten Sprache und wenn du die weibliche Form brauchst, schreib es bitte während des Lesens FÜR DICH um. Im Hauptwerk habe ich es ausführlich beschrieben, ich habe ein Herz für jedes Lebewesen, sogar die, ohne Herz

(Pflanzen haben angeblich keins!) und nutze gern Humor, damit mache vieles leichter.

Manche Sinnsprüche wirken nicht, als ob sie mit Peinigern im Zusammenhang stehen, dann schau etwas weitsichtiger drauf und lass sie vorbei ziehen und lass sie wirken!
Wenn du entsetzt bist, nimm es an und geh weiter, bei Begriffen, die dich stören, finde eigene Begriffe. Manche Worte sind doppelt belegt (sei demütig & jemanden demütigen z.B.) und manches schreibe ich **absichtlich** anders, als du es gewohnt bist oder neu gelehrt wurde, weil Worte dann bildlich wirken.
Darum schau drüber hinweg oder sieh neu hin.
Verneinungen versuche ich insgesamt in meinem Leben zu vermeiden, weil sie vom Unterbewusstsein angeblich ausgeblendet werden und dann das Gegenteil daraus macht, obwohl verbreitet!
(Du sollst nicht töten, sagt theoretisch das Gegenteil aus!)
Also versuche ich in meinem Leben lieber das POSITIVE zu beschreiben! Es ist ein Unterschied, zu sagen: „Halte dich fest", statt „fall nicht runter", das macht 2 verschiedene Bilder im Kopf.
Ich übe mich ständig darin und das seit Jahrzehnten und darum schau NEU HIN.

K	kraftvoll
O	offen
N	natürlich
S	selbstbewusst
E	energievoll
Q	qualitätsbewusst
U	unbeirrt
E	entschlossen
N	nachdrücklich
T	treffsicher
I	intuitiv
C	charakterstark
H	herzstark und herzaktiv

D	dynamisch
U	und in deinem URVertrauen
U	ultimativ
R	reichhaltig
K	konstruktiv
R	respektvoll
A	atme in dein Herz hinein
F	friedvoll an deine Intuition angebunden
T	tatkräftig

Definition aus dem Lexikon, woran man Narzissten erkennen kann:
Ein Narzisst schämt sich für nichts.
- Mangel an Empathie
- voller Eifersucht und Neid
- umgibt sich nur mit hoch stehenden Leuten und ihm ist Stellung und
  Ansehen wichtiger, als innere Schönheit und Herzlichkeit
- sie haben extrem geringen Selbstwert
- brauchen die Bewunderung anderer
- manipulieren andere, um eigene Ziele zu erfüllen (funktionalisieren)
- sind anderen gegenüber niemals hilfreich, wenn keine
  Hintergedanken dabei sind.

\#   In einer tiefen Stunde – die ungewöhnlich für mich war –
     gesellten sich mehr Peiniger & Energievampire an meine Seite, als
     je zuvor oder blieben länger, als früher. Früher verschwanden sie
     sofort, wegen fehlender Aufmerksamkeit. Manche im engen
     Umfeld zeigten ihr NEUES Gesicht, welches sie vorher verborgen
     hatten, weil sie keinen Griff von mir geliefert bekamen!

\#   Es hat sehr wohl einen Einfluss, mit wem & WAS du dich umgibst.
     Alles wirkt und alles färbt ab und manchmal lernen wir durch
     unser Umfeld, unser eigenes Verhalten zu verbessern, weil andere
     als Abschreckung dienen können. Kraftworte, Gossensprache,
     Körperhaltung, Negativität, soziales Verhalten, das kann hilfreich
     spiegeln, durch das Bewusstwerden, um selbst zu beseitigen!

\# Ich bin nur sichtbar für die, die ähnlich ticken, wie ich.
Falls mich die wahr nehmen, für die ich normalerweise unsichtbar
bin, weil sie destruktiver unterwegs sind, kann es passieren, dass
sie mich so **lange runter ziehen und unten** halten, bis ich mich
an deren Niveau und Negativität angepasst habe, unbewusst und
ohne meine eigene Absicht und dennoch frei und willig!

\# Es gibt nur eine Richtung, wenn du von anderen Lebewesen
gepeinigt wirst: – Konsequent HIN ZU DIR – nur dann wirst du fre

\# 8 Milliarden Menschen – 8 Milliarden unterschiedliche Leben und
doch vieles, was unter dem Mantel des Lebens liegt, was wir uns
alle wünschen & was antreibt und motiviert.

\# Blick verändern lohnt sich.

\# Glaube an dich und du brauchst nicht auf Hoffnung zu warten!

\# Hoffnung liegt in der Zukunft, hindert oft, das JETZT zu genießen.
Habe beides: leg die Samen in jetzt und freu dich auf die Zukunft.
Nimm die Vergangenheit dankbar an und lerne daraus!

\# Dein Herz wird dir nie Vorschriften machen, so, wie der Verstand
oder das Ego. Dein Herz ist das perfekte Barometer.

\# Ahnst du, wie die meisten Menschen angetrieben werden, wenn du liest, dass angeblich 85 % der Menschen eine negative Grundausrichtung hat und der größte Teil der Arbeitnehmer innerlich gekündigt hat? Wenn du einem anderen „Herrn" dienst, statt deinem Herz, dann ist innerliche Kündigung kaum möglich!

\# **Mach dich frei vom URTEIL anderer, dann bist du frei vom Urteil anderer.**

\# Wenn du freier vom Urteil andere bist, kannst du dich deinem eigenen Inneren besser & leichter widmen.

\# Ob du Kontakt und Umgang mit Narzissten hast, bestimmst du selbst, es ist immer deine freie Wahl!

\# Du bist so viel mehr, als dir ein : – : getrichtert wird!

\# Nicht jeder Narzisst trägt ein Schild auf der Stirn! Und nicht jeder, der für sich steht und sich für sich einsetzt, ist ein Narzisst!

\# Auch, wenn der Verstand denkt, ein Teil VON DIR zu sein, so ist er weiter entfernt von deiner Realität und deinem wahren Leben, als das, was dich aus deinem Herzen antreibt

\# Möchtest du aus dem Kopf oder dem Herz heraus leben?

\# Mancher Narzisst entpuppt sich viel später als solcher und dann ist es wichtig, dass du nach innen schaust! Aus deiner eigenen inneren Sicherheit & Stärke heraus, kannst du leichter damit klar kommen, falls es zu einer Ent : - : Täuschung führt, ihn abstreifen und in deiner Leichtigkeit bleiben!

\# Etwas zu wissen, bedeutet leider noch nicht, es auch zu praktizieren und anwenden zu können!
Schau dich um, du kannst jederzeit Wissen abgreifen und wenn es nicht vernetzt wird und mit dem Unterbewusstsein gekoppelt ist, bleibt es wirkungslos.
Deshalb ist es wichtig, dass wir uns nie unnötig lange im Mangel befinden, sonst wird es zur Gewohnheit!
Wenn dir ein unangenehmer Zustand bewusst ist, schau, was das positive Gegenteil ist und mach alles dafür, dass du DAS erlangst, sonst wird es für dich UND für dein Umfeld Gewohnheit.

\# Du hast Schwierigkeiten, aus dem Herz heraus zu leben? Atme bewusst in dein Herz ein und aus und du wirst immer leichter dort in deinem Zentrum angebunden sein!

\# Gib dem Weg zu dir eine Chance, sogar über den Umweg des **Humors**

\# Stützräder sind fürs Fahrrad prima,
Schwimmflügel sind super hilfreich und lebensrettend und es wird
Zeit, die Räder weg zu lassen, wenn du Radfahren kannst!

\# Du kannst niemanden durch den Fluss zerren oder die Wellen
beschleunigen oder verlangsamen

\# Programmiere lieber selbst dein Unterbewusstsein, statt dass du
von anderen manipuliert wirst (UND JA, du bist **immer**
manipuliert, immer und überall, ob du wills oder nicht, auch von
Freunden und Familien, von dem, was du dir an siehst, überall.

\# Bestimme selbst, von welchen Botschaften du dich beeinflussen
lässt, von denen die sagen, dass du alles in dir drin hast oder die,
die behaupten, dass alles schlimm und aussichtslos ist und du
immer auf Hilfe anderer angewiesen bist und ein hilfloses Wesen
bist?

\# Du kannst niemandem andern übers Wasser tragen und ja, du
kannst anderen zeigen, wie sie selbst das Wasser durchqueren,
vorher solltest du den Fluss selbst durchquert haben, um zu
wissen, wie es geht, falls du auf die andere Seite **möchtest**.
Sonst macht es wenig Sinn, rüber zu schwimmen, wenn du keinen
Bedarf hast.

\# Mach nie etwas, um den Willen anderer zu befriedigen, wenn du dich unwohl dabei fühlst und nur, um deine Ruhe dadurch zu bekommen.

\# Der größte Feind sitzt zwischen deinen Ohren

Jeder Versuch macht klug.   Unbekannt

\# Aufgeben kannst du bei der Post

Man schafft niemals Veränderung, indem das Bestehende bekämpft wird. Um etwas zu verändern, baut man neue Modelle, die das Alte überflüssig machen. **Buckminster Fuller**

\# Wer im Glashaus sitzt, sollte dringend mit Steinen werfen, damit das unsichtbare & spürbare Gefängnis zerschmettert wird

\# Die schlimmste Gefangenschaft erschaffst du dir selbst!

\# Alles ist möglich, wenn du
die   richtige   Kurve   nehmen   kannst & auch
die   Kurve   richtig   nehmen   kannst!

\# Wahrheit verursacht dem Ego Schmerzen und Widerstand Veränderung verursacht dem Ego Angst

\# Freuen sich die Menschen in deiner Umgebung aufrichtig und wahrhaftig darüber, wenn du erfolgreich bist, wenn du dich rundum wohl fühlst, wenn du glücklich und zufrieden bist und den Weg gehst, den du dir in deiner Vision vorstellst? Schau genau hin und achte darauf, falls du zurück gehalten werden sollst!

\# Manche Fesseln sind extrem zerstörerisch für dein aktuelles Leben, obwohl du sie dir innerlich selbst an gelegt hast

\# Egal, was du hinter dir hast, das ist nichts im Vergleich zu dem, was du in und vor dir hast!

\# Sag ein KLARES JA, um dich wieder zu ent : - : **decken**, die **Decke** weg zu nehmen und die Handbremse und Leinen zu lösen!

\# Apropos, du kannst nichts von deinem Selbst, deiner Seele, Intuition, Sicherheit, URVertrauen, Freude, Liebe o.ä. wiegen, messen und dennoch kannst du alles fühlen, wieder beleben, reaktivieren. Ist es deshalb unwahr, was es unsichtbar ist?

\# Wenn du den Mangel fühlen kannst, dann ist es auch jederzeit aktivierbar!

\# Wenn du es träumen kannst, dann kannst du es auch leben!

\# Finde Gründe oder erkenne deine Wege, du hast die freie Wahl

\# Wenn die Nacht am dunkelsten ist, ist es kurz vor
Sonnenaufgang!

**In alten Schriften wurde das Herz - nicht das Hirn - als
Zentrum tiefer Weisheit bezeichnet**

\# Fast alles ist messbar, Hirnstrom, Herzaktivität und doch wissen
die Kontrolleure so viel weniger, als sie denken, als der Verstand
be : - : behauptet. Wenn du innere Signale bekommst, die
hoffentlich frei von Ego und Vermutung sind, dann stell sie ganz
oben auf dein Podest, wo du deine Anweisungen fürs Leben her
nimmst & akzeptiere ihre Vorgaben!

\# **Opferdasein ist die schlimmste Art von Narzissmus!**

\# Wenn du Handball spielst und das Spiel wurde verloren und du
gehst zum Trainer und fragst ihn: „Sag Mal Trainer, passiert dir
das öfter, dass deine Mannschaft verliert, machst du das
absichtlich?" Das ist die typische Art eines Narzissten
Ein Künstler im Verdrehen!

\# Wer seinen Blick im Rückspiegel fest hält, ist in der
Vergangenheit gefangen!

\# Wer sich wie ein Regenwurm verhält, wird als Regenwurm wahr
genommen und behandelt!
\# Autsch, ja, Geschenke werden hier ohne Verpackung verteilt!

\# ~~Hätte, könnte, wäre, wollte~~, **MACHEN**!

\# Wenn du einem Opfer hilfst, seinem Leben wieder einen Sinn
geben zu wollen, wird es Schwierigkeiten haben, auf dem Weg
dort hin, weil der Lebensinhalt verschwunden ist. Der Sinn des
Opfer ist es, Opfer zu sein und dafür bei anderen im Mittelpunkt
zu stehen.
Wenn das Opferdasein weg fällt, wird dieser Mensch einige
Menschen verlieren, das muss langsam ausgeglichen werden!

\# Nimm die **Verantwortung** – so sehr wie es geht – in deine
eigenen Hände, sonst machen es andere ungefragt für dich!

Eine einzige gerechte Stimme kann lauter sein, als tausend
tyrannische Gesetze   **Cicero**

\# NIMM DEINE MACHT IN DEINE HAND, sonst nimmt sie ein
anderer an sich!

\# Nur wer die Qualität seiner Gedanken erkennt, kann aus
negativer Abhängigkeit anderer Menschen entkommen!

\# Eine winzige **Mücke** kann einen **Schlafsaal** mit 100 Menschen auf Trapp halten und jede Menge Wirbel veranstalten! JEDER kann etwas bewirken! JEDER hat eine Stimme!

Ungerechtigkeit beginnt mit dem Wunsch, sich über andere zu erheben, und endet in der Beseitigung von allem, was menschlich ist.   (angeblich von George Orwell)

\# Durch **deine Abhängigkeit förderst** du **negative** Strukturen**!**

Die Macht eines jeden Menschen gegen Ungerechtigkeit liegt darin, standhaft zu bleiben und für das Recht ein zu stehen, auch wenn alle anderen schweigen oder gar zustimmen.   **Cicero**

Pass auf, was du denkst, es könnte deine Wahrheit werden! Verfasser   unbekannt

NEIN ist ein vollständiger Satz! Verfasser unbekannt

\# Wer sich seiner eigenen Werten unbewusst ist, der wird sich wertlos vorkommen und anderen glauben und als Wahrheit nehmen, die ihm das ÜBER sich einreden möchte, wo er klein gehalten werden soll! Achte darauf, mit wem du dich umgibst.

\# Wer sich anpasst, an eine Umgebung, der er ablehnend gegenüber steht, wer sich für und wegen anderer verdreht, der hat entweder einen Gummirücken oder wird durchs Verdrehen irgendwann krank oder durchbrechen.

\# Nicht jeder Mensch kann dich dein ganzes Leben begleiten. Manchmal lebst du leichter, wenn du ein Stück deines Weges abbiegst und den gemeinsamen Pfad verlässt! Wenn es sein soll, begegnest ihr euch wieder und ihr geht ein weiteres Stück gemeinsam.

Handle immer so, dass du gegen Ungerechtigkeit kämpfst, aber behalte dabei stets deine Würde und deinen inneren Frieden. Die wahre Macht liegt in der Besonnenheit und Tugendhaftigkeit eines Menschen.   **Epiktet**

\# So, wie die Atmung polar ist, die Polarität dar stellt und weder gut noch schlecht ist, kann sie dich unterschiedlich dienen:
ruhig machen oder wach machen und vieles mehr. NUTZE sie, um dich mit dir selbst zu verbinden, dich dir näher zu bringen!

\# Falls du kein Affe bist, lass dich nicht mehr dazu nötigen, die Bäume zu erklimmen, weil jemand dich dressieren möchte.

\# Wusstest du, dass Menschen oft wie die Krabben in der Gefangenschaft sind? Wenn eine Krabbe die Stufen hoch klettern möchte, um zu schauen, was oben am Rand des Topfes auf sie wartet, kann es sein, dass die anderen Krabben sie nach unten ziehen, weil sie wollen, dass sie dort bleibt und nicht entkommt oder frei wird.

\# Hochachtung habe ich vor Menschen, die Fehler machen und aus Begeisterung etwas mit Seelenkraft füllen, statt andere zu kopieren und auswendig lernen zu müssen.

\# Du lieferst dem Narzissten selbst Griffe zum Festhalten, wenn er längere Zeit bei dir verharrt, es sei denn, du bist in einem Abhängigkeitsverhältnis und kannst nicht einfach so stoppen. Dann bist du evtl. schon der Suchtkranke, der langsam entwöhnt werden darf oder alternativ andere Aussichten braucht, wo er mehr Nutzen erkennt, für sein neues Leben (Parallelleben auf bauen).

\# Du kannst nie so gut werden, wie ein anderer, wenn du denjenigen kopieren möchtest. Sei dein **eigenes Original**, dann wirst du garantiert fern von Mobbern oder Narzissten bleiben oder nur kleine Episoden der Begegnung erleben, weil du sie schnell entlarvst!

\# Das größte **Kompliment**, was dir ein Narzisst machen kann, das ist der **Vorwurf**, dass er dich als zu **irgendwas** wahr nimmt: zu langweilig, dumm, zu normal, zu langsam, zu was auch immer, dann weißt du, dass du alles **richtig** gemacht hast und auf deinem eigene Kurs unterwegs bist, deinen eigenen Leuchtturm im Blick behältst!
Wenn es allerdings kein Narzisst ist, schau hin, ob du was für dich lernen kannst, was dir hilfreich ist und wenn ja, frag, ob derjenige dir behilflich sein kann. An der Reaktion wirst du viel über den anderen erfahren und für dein Leben lernen, so oder so.

\# Wir sind Künstler und Schauspieler und können uns soo schnell in Zustände bringen, dass unser Körper nicht unterscheidet, ob es wahr ist oder Illusion! Deshalb achte im eigenen Interesse darauf, welche Medien du konsumierst, es wirkt sich auf deine Gesundheit aus!

\# Wenn du kein Elefant bist, hör auf damit, ungefragt die Brocken aus dem Weg anderer zu räumen, erstens weißt du nicht, ob die absichtlich dort liegen und zweitens beschwerst du dich oft damit selbst unnötig.

\# Menschen in Gruppen neigen dazu, ihre Meinungen anzupassen, um zur Gruppe zu passen!

\# Deine **Atmung** bestimmt leichter deine Emotionen, als es je ein Fremder im Außen schafft – wenn du sie bewusst FÜR DICH nutzt, die Atmung!

\# Wenn jemand eine Pfeife hat, bedeutet es nicht, dass du danach parieren musst, nur, weil du die Pfeife wahr nimmst!

\# Die Qualität der Gedanken lässt sich messen und beweisen! Bei freudvollen Gedanken werden andere Regionen aktiviert, als bei negativen. (Angeblich sogar an den grauen Haaren erkennbar.)

\# Die Samenkörner werden nichts, wenn sie auf **leeren** Boden fallen! **Wir nähren** den Boden!
Nach der Ernte ist vor der Ernte und wir pflanzen immer weiter und ernten ständig.

\# Wie gehst du mit dieser Situation um, wenn du weißt, dass du noch 4 Wochen zu leben hast?
Blickst du dann noch so auf das Thema und verhältst du dich dann genau so, wie du es **jetzt** machst?

\# Wenn du einen Text schreibst oder verfasst, gib ihn immer durch 3 Siebe: das der Güte, das der Liebe und das der Freude und stell dir vor dem Versand immer die Prüffrage, ob der Empfänger das auch so wahr nehmen kann.

\# Dozenten / Lehrer, die erwarten, dass die Schüler die Inhalte auswendig können, statt praktisch anzuwenden, wollten wohl eher bewundert werden oder haben andere **Ego**themen und wenig Ambition, dass die Schüler wahrhaftig **FÜR SICH** etwas lernen und sich selbst verwirklichen! Wenn du die Wahl hast, wechsle das Fachgebiet oder die Klasse!

\# Wer sich seine eigenen Glückskekse schafft, wir hoffentlich vom werthaltigen Inhalt der Sprüche süchtig, der braucht keine künstliche Zuckermasse drum herum!

\# Was würde der **Held** in dir **jetzt** machen?

\# Studien zeigen, dass Menschen, die viel Zeit zusammen verbringen, dazu neigen, sich in ihrem Aussehen und Verhalten immer stärker zu ähneln. Möchtest du das? Du wählst selbst!

\# Handle ich jetzt soeben aus vollem Herzen, meiner inneren Kraft und aus Spaß.

\# Aufgewacht. Mitgedacht. Selbst Vollbracht.

\# Wenn ich anderen bedingungslos Freude und Glück schenke, wird das Glück mehr!

\# Sag JETZT und starte in dein besseres Leben, das Leben, welches nur JETZT stattfindet, heute und hier und jetzt! Niemals gestern und niemals morgen. NUR JETZT.

\# Manchmal reicht ein Schritt, eine perfekte Frage, ein Blick in die andere Richtung und alles kommt ins Rollen!

\# In alten Schriften wurde das Herz – nicht das Hirn – als Zentrum tiefer Weisheit bezeichnet. In meiner Wahrnehmung ist das Herz mit dem Nabelzentrum verbunden und liefert durch bewusste Atmung in diesen Bereich Sicherheit und stärkt bei ständiger Wiederholung sogar das Gefühl von URVertrauen.

\# Wer Humor nicht versteht, dem wird Humor eher Zeit stehlen, statt das Leben leichter machen.

\# Freiheit kommt von innen – Freiheit kann dir nicht von außen geschenkt werden! Freiheit die von außen gegeben wird, ist weder ein Geschenk, noch Freiheit, das ist Abhängigkeit & Zwang!

\# Dieses Leben ist Wirklichkeit und nicht irgendeine Probe!

\# Sei immer auf ein Wunder gefasst und lass die Tür dafür einen großen Spalt offen!

\# Wasser speichert Informationen, nutze diese Tatsache für dich und **programmiere** dein **Wasser** mit deinen **Visionen**.

\# Deine Gedanken können wie Drogen wirken.

\# Deine Gedanken können dich **heilen**, psychisch und physisch.

\# Achte auf deine Gedanken und wisse um ihre gewaltige Macht und halte sie an der Leine, wie den neugierigen und übergriffigen Affen.

\# Behalte selbst das Steuerrad deines Lebens in der Hand!

\# Wer aus dem Herzen handelt, der ist unangreifbar & unantastbar, der ist freier, als der, der intelligent ist, was Bücherwissen betrifft.

\# Wenn ich jetzt Durst und Hunger habe, habe ich andere Bedürfnisse als der, der eine akute Magengrippe hat.
Dem kannst du einen Ferrari hin stellen, die Probefahrt wird er kaum machen wollen.

\# Wenn du keine Absicht hast, den Ferrari anzuschaffen, dann lass die Finger vom Schlüssel für die Probefahrt, sonst wird möglicherweise ein lebenslanger neuer Mangel daraus entwickelt werden.

\# Lernen und Lernen ist ein Unterschied.
Lerne es, dich an den **weisen** Teil in dir hin und an zu binden,
dich damit zu verbinden, dich dort HIN ZU BEGEBEN, das ist
keinesfalls der Bereich in deinem Hirn oder Verstand, wo Wissen
aus der Schule gespeichert ist!
Sondern der Teil, der mit dem Fluss des Lebens in dir, deinem
Herzen angebunden ist.

\# Du kannst nur einen Mangel haben, wenn du das GEGENTEIL
kennst, wenn du das erlebt hast oder genossen. Wer nie
Schokolade genossen hat, der kann keinen Appetit darauf haben.

\# Stell dir vor, du begegnest deinem besten Freund und du
erfährst von seiner Geschichte, einem Drama, wie er von
übergriffigen Leuten gepeinigt wird, was empfiehlst du ihm?

\# Wenn du nie das Gute / den Überfluss kennen gelernt hast, bist
du unfähig, den Mangel zu erleben!!!

\# Wie soll dein Körper wissen, dass du glücklich sein möchtest,
wenn du den Kopf hängen lässt oder in den Sand steckst?
Über kurz oder lang passt er sich an!

\# Niemand schließt eine Unfallversicherung ab, um sie GERNE zu
nutzen.

\# Wenn du kurz**sichtig** mit deinen Bedürfnissen bis zu deinem eigenen Tellerrand gehst und den Kopf unten lässt, statt ihn etwas hoch zu heben und leicht darüber hinaus zu blicken, wirst du nie die Motivation haben, den Teller zu erweitern.
Wenn dich jemand an die Hand nimmt, dir seinen Teller zeigen möchte, deinen Blick erweitern möchte, bleib offen für Neues, bleib frei und neugierig und lass dich durch dein Herz leiten, durch sonst gar nichts. Wenn du unsicher bist, ob dein Herz dich leitet, dann atme dort rein oder nimm das Buch zur Hand, wo diese Techniken beschrieben sind. (Du möchtest das   umfangreiche Werk nicht? Dann melde dich beim Autor. Die Anbindung an dein Herz, die Techniken sind so wichtig, dass es sich lohnt, diese genauer zu beschreiben, obwohl das schon ausreicht, atme in dein Herz und verbinde dich dort hin und aus diesem Anspruch heraus mach alles in deinem Leben, dann bist du unangreifbar!)

\# Die Geschichten, die wir uns erzählen (Glaubenssätze plus 40000 – 60000 Gedanken täglich usw.) bestimmen unser Leben! Achte IMMER auf deren Qualität und verändere sie, falls sie dich zu sehr runter ziehen! Wie? In dem du dich mit förderlichen Dingen befasst.

\# Der Narzisst ist wie der Parasit, der von seinem Wirt lebt, obwohl sie den Wirt quälen und irgendwann töten, stellt der Wirt sich frei & willig zur Verfügung!

\# Merke dir für den Rest des Lebens: Hüte dich vor Leuten, die schlecht über andere reden, die abwesend sind. Wenn du in jedem zweiten Satz hörst, mit wem sie alles gebrochen haben, wenn dir auffällt, dass sie mehr kritisieren, statt über Gemeinsamkeiten berichten, dann pack die Sportschuhe aus und spurte los, bald wirst du zum Schwein gemacht, welches durch das Dorf getrieben wird.

\# Die Sonne ist am wärmsten, kurz, bevor sie untergeht.

Dein wirklicher Meister ist das Zentrum in deinem Inneren.
Die externen Meister können lediglich dabei helfen, den inneren Meister zu finden (erwecken).
Wenn der innere Lehrer oder Meister gefunden wurde, benötigst du den äußeren Meister nicht mehr. Du bist dann dein eigener Meister.
Das passiert dann, wenn du ohne Gedanken, Wörter oder Vorstellungen die innere Stille begreifen kannst..."   Osho

\# Da oben sind nur die Sterne!
Achte auf deine Sprache und erlaube nur dem die Macht über dich, was auch wirklich zu dir gehört.
„Die da oben" ermächtigst **du selbst** und auch den Umfang, wieviel Macht sie haben. Machthaber werden handlungsunfähig, wenn du das bestimmst.

\# Nicht jeder Mensch ist auf die Erde gepurzelt, um **dich** zu ärgern und zu triggern. Selbst der Narzisst, der **sich** für den Mittelpunkt der Erde hält, der kann mehrere andere Menschen gleichzeitig peinigen oder um den Finger wickeln.
Für ihn bist du niemals der Mittelpunkt, sondern er bleibt sein eigener Mittelpunkt und **doch braucht** er dich, weil er deine Energie benötigt.

Wenn dich der Mut verlassen hat, geh einfach alleine weiter.   Sprichwort unbekannter Verfasser

\# Finde aktiv deine **Stärkung**! Befasse dich mehr mit Dingen, die dir Kraft geben, als mit negativen. Alles wirkt. Niemandem ist gedient, wenn es dir schlecht geht, außer Narzissten, Mobbern o.a., dann zapfen sie leichter deine Energie ab, obwohl deine Energie von alleine sinkt, auch ohne solche Peiniger, nur hast du dann die Schleusen auf, die Tankstelle ist sozusagen frei zugänglich ohne Eingangskontrolle und deshalb bist du perfekt zum Abtanken!

\# Lass mit jedem **Händewaschen** jeden Selbstzweifel mit dem Wasser und dem Waschen bewusst von dir weichen.

\# Vergeben ist wichtiger, als Groll zu behalten. Schlauer allemal.

\# Befasse dich lieber mit dem Aufbau und der Umsetzung von Lösungen, statt etwas Altes beseitigen oder bekämpfen zu wollen!

\# Bei jedem Eintritt in dein zuhause stell dir vor, wenn du die Eingangstür öffnest und hinein gehst, dass du alle Fremdenergien von dir ab streifst, wie, als ob du durch eine Sandstrahlanlage gehst und hochdruckgereinigt wirst. Alles bleibt draußen!

\# Was dich denkt, bestimmt dein Leben! Wer deine Gedanken beherrscht, bestimmt den Inhalt deines Lebens!
Liebe basiert auf tiefem Verständnis und einer Verbundenheit, die über die körperliche Anziehung hinausgeht.   Unbekannt

\# Sei wachsam, sei anders und bestimme selbst über die Qualität deines Lebens.

\# Ich bestimme selbst, ob ich **Held**, Opfer oder der Täter bin

\# Was wäre, wenn nichts mit dir zu tun hat, was jemand sagt oder macht? Lasse diese Möglichkeit immer offen.

\# Liefere einem narzisstischen Menschen 5 Lösungen und er wird dich dafür beschimpfen, dass es keine sechs Lösungen sind.

 #   Frieden heißt, es darf gewesen sein.
Oder anders: # schieß die Vergangenheit auf den „Mond" und
schreib dein Drehbuch neu und sorg dafür, dass das Kapitel ein
gewolltes Ende nimmt!

 #   Machtgier ist eine Krankheit und schlimm, wenn man mit
solchen Leuten zu tun hat, die sie plötzlich auspacken und dir
zeigen, dass du grade eine schwache Phase durchlebst und sich
daraus für sich an deiner eh kläglich geringen Energie bedienen.
Besonders die, die behaupten, dass sie dein Bestes wollen und
nach einem Kontakt fühlst du dich leer und schlechter, als vorher,
geh auf Distanz. Es ist besser, auf Abstand zu gehen, als aus
Pflicht Kontakt zu haben!

Geldgier ist wie ein schwarzes Loch, das immer mehr verschlingt,
ohne jemals satt zu werden.   Unbekannter Verfasser

Brems den Narzissten rechtzeitig aus, denn mancher ließ seine
Mitmenschen an sich selbst zweifeln!
Bedeutet: die Betroffenen zweifelten mehr an sich, als an dem
Peiniger! Er ist so manipulativ, dass er alles verdreht!
ALLES!

Die Lieblingsredewendung eines Pessimisten ist „JA ABER", damit
starten viele seiner Sätze und daran erkennst du ihn.

\# Ein **Rabattmarken-Kleber** wird immer Gründe finden, warum er dich auf den Mond schießen kann, weshalb du zu mies für ihn bist, bis er dich wieder braucht

\# Wenn du bei einem negativen Menschen oder einem, der wenig an Menschen interessiert ist, darüber berichtest, dass du ein tolles Erlebnis hattest und einem Vogel begegnet bist, der ganz zutraulich war, dann wird er sich an eine ganze Vogelschar erinnern, die ihm einige Stunden hinterher geflogen ist.

\# Pass auf, wenn du Leute triffst, wie sie über andere Menschen in ihrem Umfeld reden, ob sie über die guten Seiten berichten oder ständig lästern. Du erkennst sie schnell und so werden sie auch über dich reden, wenn du es wagst, ihnen nicht alles 100 % recht zu machen, was unmöglich ist, weil du ihre Gedanken nicht lesen kannst!

\# Der Narzisst bezieht **alles auf sich**, selbst das, was du nicht schreibst, sogar das was du nie gedacht hast,
was du nicht meinst und besonders das, was du nie sagst,
einfach alles! UND er verdreht alles.
Gefährlich ist: je länger du mit ihm zu scheren hast, dreht er alles so, dass du später selbst annimmst, dass du dich vertan hast!

\# Mach einem negativen Menschen Geschenke, er wird bei anderen darüber lästern, sich in 20 Jahren an Details erinnern, statt sich zu freuen, dass überhaupt jemand bereit war, ihn zu beschenken!
Er ist überaus kreativ, um andere schlecht zu machen.
Es hat nichts mit dir zu tun, DARÜBER solltest du klar sind und jeder Ärger ist überflüssig und verschenkte Lebenszeit und Energie, die er abzieht, weil du sie **freiwillig schenkst**.
Manchmal sind es nicht die negativen Menschen, sondern die, die besonders viel Anerkennung anderer nötig haben und sonst zu Mitteln greifen, sich selbst wichtig zu machen.

\# Die Menschen sind so sehr mit sich selbst beschäftigt, dass sie gar nicht mitbekommen, wenn sie dich verletzen, es hat meist NICHTS mit dir zu tun! Du hast die Pforten geöffnet und entscheidest, ob du **verletzt wirst**. Merke dir das!

\# Apropos Glück: Glück kommt von innen und ist dein Gefühl und nicht vom Wohlwollen/Handlungen anderer abhängig.
Emotionen sind Reaktionen auf etwas im Außen.
Gefühl starten innen! Manche behaupten, dass Emotionen eingeschlossene und nicht verarbeitete Gefühle sind. Wie auch immer die Definition ist, wenn wir **fremd gesteuert** werden, kann das nur schlecht für Körper, Geist und Seele sein und gegen unser erfülltes und leichtes Leben wirken!

\# Der Narzisst wird dich immer übertrumpfen, wenn du ein schlimmes Ereignis hattest, wenn du was Tolles erlebt hast, wenn du begeistert etwas mit ihm teilen möchtest, einfach immer!
Wenn du ihm von einem berichtest, der ein Bein verloren hat, wird er einen kennen, der zwei Beine verloren hat.
Wenn du einen kennst, der einen Konzern leitet und schon viele Jahre Erfolg damit hat und sogar Spaß, dann wird er dir 3 präsentieren, die einen kennen, der noch zufriedener ist.
Wenn du dich über dein neues Auto freust, wird er dir sagen, dass seines 10 PS mehr hat und dafür 16 Liter weniger an Verbrauch.

\# Wenn du eine Marke im Heft eines **Rabattmarken-Klebers** bist, weißt du meist gar nichts davon!

\# Wenn du einem Narzissten sagst, dass er unfreundlich oder ungerecht ist, dann wird er es verdrehen und dich verantwortlich machen, nach dem Motto: „ich bin sonst ein freundlicher Mensch. Passiert dir das öfter, dass Menschen unfreundlich auf dich reagieren? Wie machst du das?"
Lach, dreh dich rum, geh schnell und leb dein eigenes Leben!

\# Wirst du gedacht oder denkst du selbst?

\# Ein Pessimist, der stabil in seiner Rolle verharrt oder einer, der als Lebensinhalt „Opfer ist" und dich um Hilfe oder Rat fragt, der möchte niemals wirklich Hilfe oder eine Lösung, er möchte seinen Lebensinhalt behalten, der will dich beschäftigen.
Wenn du ihm eine wahrhaftige Lösung zeigst, wird er behaupten, alles schon kennen oder schon ausprobiert haben.
Selbst, wenn du es grade **für ihn erfunden** hast.
Wenn du ihm vorschlägst, ein rundes Haus zu bauen, weil die Negativität weniger in den Ecken verweilen kann, dann erzählt er dir, dass er einen kennt, der ein rundes Haus hatte und dennoch unzufrieden war.
(Das Beispiel habe ich mir grade ausgedacht. Ich finde es beispielhaft, das, mit der Negativität und den Ecken ☺).

\# Der beste Schutz ist, keinen Schutz zu brauchen!

\# Wer fährt den Bus deines Lebens? Wer sitzt am Steuer?

\# Wer nachtragend ist, der futtert ständig Rasierklingen und hofft, dass der andere daran verblutet!!!

\# Wer ständig sein Thema mit anderen teilt und sein Drama aufwärmt, blutet andere mit dem Gejammer voll.

\# Bestimme selbst, wer dein Leben beeinflusst, wer mit seinen schmutzigen Schuhen durch deine Gedanken/Leben läuft.

Kübler Ross sagte, wenn es dich länger als 15 Sekunden beschäftigt, dann wird es **DEIN** Thema und selbst, wenn es vom anderen „über dich" drüber gestülpt wurde, du hast es als dein Thema akzeptiert und dann hat es was mit dir zu tun!

\# Sei gefasst, bleib offen, bleib in deiner absoluten und größtmöglichen Zuversicht und Herzwärme. Wenn du ernsthaft stabil bist und in dir ruhst, dann wird ein echter Narzisst schnell an dir gelangweilt sein, nachdem er dich getestet hat.
Genieße den „Stäbchentest" und rechne damit, dass er nochmal unverhofft zusticht, wenn du nicht damit rechnest.

\# Oh Tannenbaum, oh Osterbaum, wenn diese beiden zusammen wachsen, ineinander verschlungen sind, dann wird der Narzisst sich verändern und wird dich schätzen und ehren.

\# Freust du dich über Komplimente eines Narzissten?
Nimm dir dringend Hilfe!

\# Schaffe dir deine eigenen weisen Schriften. Manchem hilft es über den Hügel, bis der nächste Berg oder Abhang kommt.

\# Mach dich selbst glücklich, sorge dafür, dass du zufrieden bist, dann kannst du Freude mit anderen teilen und vermehrst sie durchs Teilen. Wer es nicht nehmen kann, den lass ziehen, und verteile noch mehr Glück, größere Freude, breiteres Lächeln mit vollen Händen großzügig und aus vollem Herzen.

Der Fehler liegt beim Leidenden (Buchtitel von Akram Vignan)

\# Begegne einem Narzissten und er zeigt dir deine Bedürftigkeit, die Stellen, die in dir geheilt werden dürfen. Dort, wo du dich verstellst, Masken trägst, dich selbst belügst und Mangel leidest. Schau erst bei dir hin, nimm die Geschenke und heile innerlich.

\# Wenn die Welle kommt, kannst du dich reinwerfen und sie wird dich tragen. Der Kopf bleibt über Wasser und wenn du davor weg rennst, statt dich tragen zu lassen, wird sie garantiert über dich drüber schwappen.

\# Manche Menschen sehen überall Lösungen und andere ständig Bedrohungen und die nächsten denken so schräg um die Ecke, dass es keinen Begriff dafür gibt.

\# Die Bindung, die du zum Narzissten freiwillig (wenn auch widerwillig) aufrecht erhältst, würdest du das deinem besten Freund/Freundin wünschen? NEIN? Dann lass es! Einfach!

\# Wer sich auf einen Narzissten einlässt, der erspart sich viele Jahre Psychoanalyse, der Narzisst legt die Stellen offen, wo ein Manko ist ODER es sind deine Stärken und seine abgelehnten Seiten werden sichtbar. Pass auf, dass du deine Stärken für dich behältst, falls du dich zu lange mit so jemand abgibst, er ist ein geschickter Dieb.

\# Je sicherer du mit Bewusstsein und Trockenübungen bist, umso leichter wird es im realen Leben und du bist besser vorbereitet.

\# Gib dir alles selbst, was du dir von deiner Umwelt wünschst oder von anderen erwartest.

\# Würdest du das Leben, was du lebst, deinem Nachwuchs wünschen? Nein? Dann ändere es!

Bruce Lee: ich habe größeren Respekt vor dem, der einen Tritt 10000 Mal geübt hat, als vor dem, der 10000 Verteidigungsmethoden kennt.

\# Sorge dafür, dass du deiner wahren Version immer näher kommst.

\# Denk dran, du wirst kaum etwas **abschaffen**, was du **bekämpfst**, sondern, indem du etwas **Neues erschaffst**.

\# Achte auf deine Sprache, sie bestimmt dein Leben.

\# Jeder ist zu etwas nutze, selbst, wenn er als schlechtes Beispiel dient.

\# Bestimme selbst, auf welchem Spielfeld du unterwegs bist! Wenn du Schach spielen möchtest, geh weg vom Monopolybrett!

\# Wenn einer erst Alkohol braucht, um Humor zu haben oder zu lachen, dann läuft etwas schief.

\# Wer über Titel oder Status seinen Selbstwert holt, der hängt an einem Fliegenfänger und wenn der Kleber nachlässt, fällt er runter und zerfällt.

\# Wenn ein Narzisst sich an dich bindet, bindet er in Wirklichkeit **dich** an **sich**.

\# Wenn du den Kontakt zum Narzissten abbrichst, dann rennt er anfangs noch hinter dir her, wie der Stalker und das lässt nach. Lass dir niemals das Leben von einem bestimmen oder pass nie dein Verhalten an seins an! Sonst weiß er, dass er immer noch die Macht über dich hat.

\# Kommst du einem Narzissten nahe, dann taucht er unter und isoliert dich. Du brichst in Entzug aus.
Sie oder Er erzeugt in deinem Hirn Abhängigkeit.
Er taucht auf und stellt Bedingungen an dich, damit du wieder mit ihm in Kontakt treten darfst.
Es ist ein Kontakt im **Gummiband**-Modus.
Lässt du ihn los, kommt er. Bindest du ihn, rennt er weg.
Er kann es nicht anders und du wirst ihn **nie ändern**.
Ändere dich und deine Einstellung und du erfährst Heilung!
Er erzeugt Schmerzen bei dir, die du ohne ihn nicht hättest.
Er erzeugt Freude bei dir, die du ohne ihn nicht hättest und die nicht von Dauer sind, weil künstlich herbei geführt.
Er ist mehr auf dich angewiesen, als du auf ihn, nur erkennt das keiner, der im Hirn den Suchtmodus aktiviert bekommen hat!

\# Möchtest du ehrlich vom Narzissten befreit werden? Skala 1 – 10.
Sei ehrlich mit dir selbst! An dieser Stelle sind die Ergebnisse für Betroffene erschreckend!

\# Zeige einem Suchenden den Weg und er freut sich.
Falls es ein Narzisst oder Pessimist ist, wirst du es sofort erfahren, weil er dich dafür beschimpfen wird, dass er selbst bestimmen will, wo er lang laufen möchte, selbst, wenn er sich verlaufen hat, wird er Kritik an dir üben. Er verdreht ALLES!

\# Es muss dir nicht peinlich sein, dass du immer wieder auf einen Narzissten reinfällst, ihn immer wieder zurück nimmst, denn er aktiviert dein Suchtzentrum im Hirn, die Dopamin Ausschüttung wird aktiviert. Deshalb ist das Bewusstsein wichtig und so, wie das Beenden einer anderen Sucht von statten geht, so funktioniert der Ausstieg ebenfalls!

\# Wenn du einem Narzissten vorsichtig klar machst, dass er mit etwas falsch liegt, gräbt er alles aus, was du je falsch gemacht hast, sogar beim Atmen und sämtliche andere schwer wiegende Fehler werden hervor geholt, woran du dich nicht erinnerst und neue werden dazu gedichtet. Es sind oft Rabattmarken – Kleber!

\# Ein Narzisst bemerkt gar nicht, dass er ist, wie er ist, weil er der Nabel der Welt ist, unfehlbar, wie der Papst.

\# Wenn ein Pessimist einen Autounfall hat und du ihn rettest, wird er dich danach verklagen, weil er daran gehindert wurde, selbst zu bestimmen, wann er stirbt.

\# Wenn ich Milch verschütte, dann freu ich mich, dass der Herd kalt war und die Milch nicht anbrennen konnte oder dass ich nur eine Herdplatte säubern muss und der Rest verschont blieb.
Der Pessimist wird nächste Woche noch jammern, dass Milch verschüttet wurde.

\# In der Firma kommen Narzissten prima durch, weil sie oft gute
Zahlen schreiben, erfolgreich sind, oberflächlich gut für den
Umsatz. Sie kommen meist durch, obwohl sie auf der anderen
Seite schlecht für die Zahlen sind, weil sie andere unterdrücken
und diese anderen dadurch geschwächt werden und die Zahlen
dort gedrückt sind und schlechter werden.

\# Wenn ich ein Tier wäre, dann ein Huhn. Es freut sich täglich so
laut an Ereignissen, dass es andere mit anspornt und erfreut.
Es ist fähig, zwischen den Steinen die Körner hervor zu holen,
statt darüber zu jammern, dass so viele Steine rum liegen und
dadurch den Blick auf die Körner verliert!
Oder ich werde Katze, die gelassen das macht, was sie mag und
die selbst bestimmt, was sie denkt und selten fremd bestimmt
wird. Wenn jemand versucht, einer Katze etwas auf zu zwingen,
dann bleibt sie gelassen und geht weg oder grinst.
Die Katze ist das perfekte Gegenstück im Verhalten, die sich nie
an einen Narzissten binden würde. Sie steht sich näher und das ist
gut so.

\# Wenn du einen Narzissten vor dem Hundehaufen rettest – du
stößt ihn weg – und er läuft statt dessen in die Pfütze,
wird er dir danach die Rechnung der Reinigung präsentieren,
weil seine Hose in der Pfütze schmutzig wurde. Dass er gerettet
wurde, verschont geblieben ist, vor dem Hundehaufen, dass er die

Schuhe behalten konnte und nicht wegwerfen musste, dafür wird er dir nicht danken, weil er es nicht KANN, er erkennt nicht einmal den Zusammenhang, wenn du ihn drauf hin weist!

\# Manchmal wären der Narzisst und Pessimist die besten Freunde und sie sollten einfach unter sich bleiben, allerdings könnten sie dann auch nicht mehr als schlechte Beispiele zu deiner Abhärtung dienen und Entwicklung.

\# Halte dich fern von negativen Leuten, sie machen dich solange schlecht, bis du anfängst, selbst an dir zu zweifeln und DAS ist das, was sie glücklich macht, wo sie dran wachsen.

\# Firmen sind erfolgreicher, wenn sie narzisstenfreie Zonen bleiben

\# Der Narzisst ändert sich niemals, erst, wenn er selbst durch extrem schmerzhaftes Erlebnis betroffen wird oder wenn der Druck von außen immer größer wird, kann es wenige Ausnahmen geben, die sich dadurch auf den Weg der Heilung begeben.

\# Wenn Narzissten in der Firma merken, dass andere mehr als sie gelobt werden oder erfolgreicher sind, dann werden sie alles dafür machen, dass die Kollegen bloß gestellt und schikaniert werden und ihnen etwas angehängt wird. Sie können es nicht ertragen, wenn andere besser sind.

\# Wenn du mit einem Narzissten auskommen musst, weil es nicht mit „Umdrehen" getan ist, dann gibt es nur eine Methode: **mach dich stark**, hülle dich in ein Ganzkörperkondom und krieche rein…
krieche in sein Inneres und schau, was er tatsächlich gut kann und dann verdreh dich so stark auf ihn zu / auf ihn hin, und **LOBE** ihn, mach ihn dreifach besser, schöner, als er wirklich ist und lob ihn in den Himmel hoch und höher. Achte darauf, dass du nie nachlässt, sonst haut er drauf und geht wieder auf dich los. Mit dieser Ablenkung schaffe dir den Raum, dass du ein Parallelleben auf die Beine stellst und wenn du reif bist und SOBALD du die Gelegenheit hast, verschwinde und dreh dich nie wieder um oder schau zurück! Wie beim Alkoholiker oder Suchtkranken, halte die Finger weg und rühr nie wieder ein Glas an!

\# Halte dich fern von Leuten ohne Humor!
Sie verklagen dich, wenn du ihnen einen Witz erzählst, wo sie sich wieder erkennen, mit der Hauptfigur im Witz identifizieren.

\# Wenn du wieder jemandem begegnet bist, der sich wegen deiner helfenden Lösungen bedroht vorkommt, dann weißt du, weshalb das Kollektivbewusstsein so ist, wie es ist.
Du bist sozusagen die Bedrohung für sein Problem, wenn du es löst, ist es überflüssig.

\# Narzissten manipulieren.
  Mobber manipulieren.
  Psychopathen manipulieren.
  Soziopathen manipulieren.
  Stalker manipulieren und alle verbreiten Lügen über dich.
  Choleriker sind laut und müssen Dampf ablassen, könnten das
  auch auf andere Art machen.
  Alle stehlen Energie, viele von denen unbewusst und dadurch,
  dass sie im Mittelpunkt stehen müssen.
  Alle kosten in der Firma GELD, machen andere krank, selbst, wenn
  sie besonders erfolgreich sind, was Umsatz betrifft.

\# Pessimisten fühlen sich durch Lösungen bedroht, sie müssten ihre
  Probleme aufgeben, die ihren Lebensinhalt bestimmen.

\# Manche sind wie der Elefant, der längst los gemacht und von der
  Leine genommen wurde und es nicht mitbekommen hat und sich
  immer noch verhält, als ob er an der Leine fest hängt.

\# Ein echter Kerl heult nicht wegen verschütteter Milch,
  ein echter Kerl ist wie Chuck Norris, der nutzt Milch nur
  zum Verfüttern an Kälber, an den Nachwuchs der Kühe und nicht
  für sich, denn er nimmt keinem Lebewesen Essen weg.

\# Das schlimmste Gefängnis ist im eigenen Kopf.

Es ist besser, gefürchtet als geliebt zu werden...
Niccolò Machiavelli

Wenn die Zeit reif ist, dann klappt Vergangenheitsbewältigung mit Hilfe der Vergebung leicht und einfach. Mach sie reif, jetzt.

Der eine denkt in Lösungen und der andere sieht in jeder Lösung eine Bedrohung seiner Probleme.

Wenn du dich überall angesprochen und getriggert fühlst, hat es nicht unbedingt mit dem Sender zu tun.
Denk an die 15 Sekunden Frist. Wenn du dich länger als 15 Sekunden ärgerst, ist es **dein Thema**.

Ziehe immer in Erwägung, dass ein Sender etwas anders gesendet haben könnte, als das, was bei dir angekommen ist. Wenn du unsicher bist, stell Verständnisfragen und geh vom Allerbesten aus.

Gemobbt wird, wer sich mobben lässt!

Wo Täter und Opfer sind, gibt es immer Helden.

Nur wem du die Tür öffnest, kann dir schaden (aus einem Film).

\# Wenn du Blumen bestellst und ein Versandunternehmen liefert dir in einen Karton Spinat, wirst du dann dem Boten vom Versandunternehmen anschreien, dass er den falschen Inhalt geliefert hat? Oder wirst du beim Blumenhändler reklamieren und dich darüber freuen, wenn die neue Lieferung schneller als erwartet kommt? **DU HAST IMMER die Wahl! Immer!**

\# Ein Bekannter, der sich immer und überall angesprochen fühlte, verbal rum schrie, weil ihn was störte, kritisierte und meckerte und bloß stellen wollte, dem wagte ich zu sagen:
„------------" Ich sagte nichts und dachte die Frage für mich:
„ob er das wohl vor seinem Spiegelbild laut wiederholen könnte, was er anderen zumutet?"
Und da ich die Antwort nicht wissen wollte und Mitgefühl hatte, weil er sich selbst aushalten muss, war es für mich ausreichend Rettung. Der Entzug von Aufmerksamkeit. Er startete einige Versuche und ich blieb stark.
Ich vergab uns beiden und Ende.

\# Wer anderen Löcher gräbt, damit sie reinfallen… ekelt sich irgendwann vor sich selbst, spätestens, wenn er der großen Liebe gegenüber steht, es sei denn, er ist Narzisst.

\# Opfer ist, wer am meisten von der Opferenergie sammelt und sich bereitstellt! Erkenne das Zeichen und handle für den Wandel.

\# Negative Leute sehen solange Feinde an jeder Ecke, bis sie ein Opfer gefunden haben, was sich als ihr größtes Problem erkoren hat und sich nicht wehrt und freiwillig mit spielt.

\# Kinder sind Teufel und Engel.
Wenn sie auf dem Schulhof schreien, „du Opfer", dann wird es nie den treffen, der gelassen bleibt. Sie zeigen dem Verliererkind deutlich, was zu tun ist. **Lösung** inklusive frei Haus.
<u>Es ist nicht das dicke Kind auf dem Schulhof, welches gemobbt wird, es ist immer das, was am lautesten heult!</u>
…wer dieses Beispiel gebracht hat, weiß ich nicht sicher.
Sicher ist, dass es Vera F. Birkenbihl erwähnt hat. Ich liebe das Bild und es passt zu meinem **Grundsatz**, das, was ich seit Jahren betone und so viele Menschen zum Aufschrei brachte:

\# Ich genieße das Eremitenleben, statt zu denen gehören zu wollen, die an Schwächen anderer ihre Größe messen und damit ihr Kleinsein beweisen.

\# Wenn du für das Geschenkpapier genau so viel investieren musst, wie für das Geschenk, wird es dem Perfektionisten trotzdem niemals reichen. Weil ihm nichts je genügt.

\# **Stell dir die Frage: (unbekannter Verfasser!)**
WILL ich das?
Will ICH das?
Will ich DAS?

\# **Nassrasierer** sollten auf **elektrische** Rasierapparate
umstellen, wenn sie unmenschlich sind, weil sie abgeschreckt
sein könnten**, durch** ihr **blutiges Spiegelbild**, außer der
Narzisst, er macht alles richtig und niemals Fehler!

\# Nur, wer sich beim **Rasieren** in die Augen sehen kann, kann
Nassrasierer sein. Immer bei der Wahrheit **bleiben!**

\# Lieber ein Außenseiter zwischen negativen Menschen, statt einer
von denen zu sein und sich an zu passen und an zu gleichen.
Wer das erkennt, der sollte sein Paralleleben auf die Beine stellen,
um zum passenden Umfeld zu siedeln.

\# Leider ist das Bedürfnis nach Zugehörigkeit oft größer, als das der
eigenen Stabilität und Sehnsucht zu sich selbst.

\# HALTE DICH FERN von Pessimisten oder lass sie als schlechte
Beispiele fungieren, die du als Abschreckung nutzen kannst, falls
du mal zu negativ drauf bist, damit es schnell vorbei ist.

\# Bin ich froh, ich zu sein, sonst müsste ich mich ständig verbiegen um wer anderes zu sein, den ich gar nicht perfekt leben kann, weil es immer künstlich wäre und ich müsste mich an andere anpassen, denen gefallen, obwohl denen vermutlich niemand gerecht werden kann.

\# Als ich aufhörte, den Teil in mir zu hüten, der Perfektionist war … merkte ich Befreiung und Erleichterung und ich sah die Qual derer, die den Perfektionismus noch viel extremer praktizierten, als ich es je tat.
Ich sah, wie sie an ihrem eigenen Perfektionismus litten und sich selbst nie genügten, ständig auf der Suche, den Mangel ausgleichen zu müssen, der nie behoben werden konnte.

\# Sorge dafür, dass du aus voller Seele sagen kannst: „ich bin froh, ich SELBST zu sein", während du es als wahrhaftig spürst.
Wenn du dauernd auf andere schielst, kannst du nie zufrieden sein, du bist immer ein paar Schritte langsamer. **Immer**.

\# Wenn du Schönes erlebst, teile es mit 7 anderen und lass sie sich **mit** dir freuen.
Wenn du Negatives erlebst, schau hin, was du daraus lernen kannst und gehe weiter und SCHWEIGE darüber, wenn das Reden nicht zur Lösung verhilft, sonst verstärkst du das Thema .

\# Für den Pessimisten ist alles eine Bedrohung, was
für den Optimisten eine Möglichkeit oder Chance ist.

\# Wenn du eine Lösung von jemandem geschenkt bekommen hast,
obwohl du sie nicht angefordert hast, schau hin, ob sie für dich
bestimmt ist, danke dem und freu dich darüber, falls sie hilft.
Wenn du sie nutzen kannst, mach das oder prüfe, ob du sie an
andere weiter schenken kannst.
Falls die Lösung von einem Narzissten kommt, wird er das an
Bedingungen knüpfen.

\# IN JEDER Lösung sind Geschenke enthalten. Pessimisten fühlen
sich von Lösungen bedroht, weil ihre Probleme beseitigt werden
könnten und der Lebensmittelpunkt weg fällt.

\# Lieferst du ein perfektes Konzept, so fühlt sich der Narzisst auf
den Schlips getreten, weil er nie komplett zufrieden sein wird,
auch, wenn es alles hat, wie angefordert und noch viel mehr und
alle Probleme auf einen Schlag beseitigt. Er wird dir immer das
Gefühl geben, noch mehr machen zu müssen, dass der letzte
Schliff fehlt und du nur halbherzig abgeliefert hast. IMMER.

\# Hoffe für die verlorene Seele und bete, dass er der wahren
Liebe begegnet und bete für dich, dass du darin nie verwickelt
bist.

\# Narzissten in Führungspositionen brauchen Inhalte wie: ständig, dauernd, immer, nur bei dir, kein anderer, ja aber, permanent, kontinuierlich, pausenlos... Selbst Lob verpacken sie in solches Umfeld: „wenn du nicht dauernd... dann wärst du richtig gut."
„Dieses pausenlose .xyz hindert dich an deinen wahrhaftig guten Leistungen und hält dich ständig in deiner Mittelmäßigkeit."

\# Der Narzisst ist ein Meister im JA ABER und Fingerzeig auf andere.

\# Ein Optimist denkt in Lösungen, der Pessimist in Schwierigkeitsstufen.

\# Wenn du einem Narzissten eine Andeutung machst, dass du eine Idee gegen sein Problem hast, wird er dich beschimpfen, warum du es nicht sofort mitgeliefert hast, obwohl er dich nicht dazu aufforderte.

\# Stell einem Pessimisten den höchsten Gott und Schöpfer vor, er wird in allem etwas zu bemängeln haben, selbst, wenn der Gott ihm den Jackpot mitliefert, er würde dann noch meckern, dass der Jackpot eine Woche vorher größer war.

\# **Der beste Schutz ist, keinen Schutz zu brauchen!**

\# Wenn du dem Narzissten sagst, er solle sich die 5 Lösungen ansehen und seine perfekte Version nehmen, dann wird er meckern, dass seine Lösung perfekter sein muss, als die anderen, die zusätzlich dabei waren. Er wird sich nicht über die eine perfekte Lösung äußern, die er auswählt, sondern die, die für ihn nicht passen und darüber her ziehen.

\# Lieferst du dem Narzissten eine perfekte Lösung, so wird er immer noch ein Haar daran finden, was es zu bemängeln gibt, damit er nie zugeben muss, dass es perfekt ist.
Sei unabhängig vom Lob solcher Leute, sei dir selbst klar genug und dir deiner bewusst, ansonsten wirst du ausbrennen.

\# Nichts kann dem Narzisst je genügen, weil er sich selbst nie genug ist. Bis er auf die bedingungslose Liebe trifft, dann ändert sich für ihn alles und wenn er Glück hat, kann er Heilung an nehmen.

\# Oft kommen Narzissmus und Machtbesessenheit mit Perfektionismus zusammen.

\# Der Optimist freut sich, dass sich ihm eine Lösung aufzeigt und der Ängstliche sagt; "oje, keine Griffe zum Festhalten, da kann ich nicht lang gehen...:"

\# Wünsche denen, die dich quälen, von allem doppelt so viel
Gutes, wie du anderen wünschst, die dich nicht quälen.
Sie haben es besonders nötig.
Vielleicht wird irgendwann das zu ihnen durch dringen, was an
guter Absicht da hinter steckte und denen hilfreich sein.
ERWARTE es nicht! Mach deine Gnadenwünsche bedingungslos.

\# Selbst, wenn der Mobber die beste Energie hat und die höchste
Stimmung, mancher hat es schon geschafft, den freudvollsten
Geist umzuhauen. Selbst wenn sie so tun, als ob sie freundlich
sind, bleiben sie ein Minenfeld für ihre Mitmenschen.

\# Nach dem Motto meines Vaters: Kann ich nicht, gibt es nicht!
Probier es mindestens aus!
Wenn du es träumen kannst, kannst du auch probieren, es mit
Leben füllen und größer machen!

\# Der Pessimist ist der, der die Fingerzeige vom Schöpfer nie
erkennt, weil er IMMER - NIE - JA ABER - STÄNDIG - DAUERND
in seinem Wortschatz pflegt und Lösungen ausschlägt und selbst,
wenn sie als Geschenke verpackt sind, mit Schleife drauf.

\# Wie sehr muss der Machtbesessene unter sich selbst leiden, weil
er andere mit seiner künstlichen Macht klein halten muss.

\# Der beste Schutz ist: Sei vorsichtig, sei wachsam und öffne dein
Herz. Je mehr du mit offenem Herzen bist, mit dir im Einklang,
umso abstoßender wirst du für die Falschen sein.
Lange hält er so ein offenes Herz nicht aus und es ist für
dich gesünder, offen zu sein, sonst bekommst du Krämpfe.
Wie eine Hand, die verkrampft zu gehalten wird, irgendwann
schmerzen die Finger.

\# Halte dich von deinen dunklen Emotionen fern, leg sie schnell ab,
damit du wieder helle erlebst, sie können dich ansonsten
überholen, wo du nicht damit rechnest, weil sie im
Unterbewusstsein bleiben!
Akzeptiere sie und geh hindurch, statt sie zu verdrängen!
Sie können an dir haften bleiben, wie eine unsichtbare
Markierung, wie UV Farbe, die nur im bestimmten Licht sichtbar
ist, wenn du sie weg drückst und verdrängst.
Du wirst für das Dunkle als Dunkelheit sichtbar, für die du sonst
als Leuchtmittel unsichtbar bleibst, weil geblendet wurden und das
nur, weil du verdrängst.

Narzissmus ist der Versuch, die eigene Unzulänglichkeit durch die
Bewunderung anderer zu verbergen   Epiktet

\# Stell dir immer die passende Frage, wenn du bereit für die
heilende Antwort bist.

\# Der Pessimist wird überall eine Falle sehen und wird dich in 20 Jahren noch davon überzeugen, dass die Treppe gefährlich war, obwohl er diese nie wieder betreten hat, weil... er wird immer eine plausible Begründung / Rechtfertigung für sein Hirn hatte.

\# Dann lieber unperfekt sein und Fehler machen, statt damit beschäftigt bleiben, Ausreden zu finden, die der Perfektionist braucht und sich Jahre später noch Geschichten erzählt, weil er etwas NICHT gemacht hat.

\# Wenn du einem Peiniger aus dem Weg gehen möchtest, wird er dir an der nächsten Ecke auflauern. Solange wird er dir folgen, bis du deine Lektion gelernt hast und das Kapitel geschlossen ist und es dir gleichgültig ist, ob er an der nächsten Ecke auf kreuzt.

\# Egoismus wird oft als Narzissmus verkannt. Egoismus ist gesünder, als sein Ruf!
Lieber gesunder Egoismus, statt Selbstaufgabe!

\# Solange der Verstand Überhand hat, ist das so, als ob der Buchhalter die Firma leitet. Früher oder später ruiniert er die Firma.

\# Wer neu starten möchte, sollte es sofort machen, denn überwundene Schwierigkeiten vermeiden hundert neue. (Erinnerung an mich selbst) ☺

„Perfektionismus ist wie ein schwarzes Loch: Man kann niemals genug geben, um es zu füllen." **Unbekannter Verfasser**

Schiffe sinken nicht wegen des Wassers um sie herum, sondern wegen des Wassers, was in sie eindringt. Lass nicht alles, was um dich herum geschieht, in dein Inneres vordringen und dich runter ziehen! **Unbekannter Verfasser**

\# Ein Perfektionist / Narzisst wird niemals zufrieden sein, selbst wenn er bekommt, was er denkt, was ihn glücklich machen könnte. Er ist in seiner Gedankenwelt gefangen und das macht er mit dir auch. Er hält dich gefangen, indem deine Gedanken ständig um den Peiniger kreisen. Nur Selbsterkenntnis und ganz viel Mitgefühl mit sich selbst kann dir dort raus helfen und noch mehr Bewusstsein HIN ZU DIR, an alles, was mit SELBST beginnt!

\# Perfektionismus erinnert an den endlosen Kreislauf der Sucht, die niemals zur Zufriedenheit führt, sondern zu mehr Mangel und größerer Sucht.

\# Herzatmung! Als Erinnerung, weil es oft nötiger ist, als gedacht!

\# Wenn du wüsstest, was in dir steckst,
würdest du aufhören, denen deine Energie zu schenken,
die dir einreden möchten, dass du wenig wert bist.

\# Bisher stellte ich mir die Frage (nachdem ich mit Peter das Buch
besprochen hatte, wo es um „Big Business" geht und Führung
durch Menschlichkeit) ob ich DAS, was mich beschäftigt,
was blockiert, was mich stört o.a., noch den gleichen Stellenwert
hat, wenn ich noch 4 Wochen zu leben habe und damit war
mancher „Hirnwurm" fix erledigt und dann erfahre ich von einer
ähnlichen Ableitung:

Carlos Castaneda sagt, dass der Tod immer auf unserer linken
Schulter sitzt. Interessanter ist die Frage, wenn du sie umdrehst,
frag dich also:
Was wäre, wenn der **ANDERE** noch 4 Wochen zu leben
hätte?

(Du kannst von Osho halten, was du magst, die Inhalte haben
vielen Menschen geholfen, so auch mir in einer dunklen Zeit) :
Osho, der indische spirituelle Lehrer, spricht darüber, wie
Narzissmus eine Form des Egos und der Selbstliebe ist, die sich
auf die äußere Welt konzentriert und versucht, Anerkennung,
Bewunderung und Lob von anderen zu bekommen. Er
argumentiert, dass wahre Liebe und Selbstliebe nur aus einer

inneren Quelle kommen können und nicht von anderen abhängig sein sollten. Osho fordert die Menschen auf, tiefer in sich selbst zu gehen, um ihre wahre Essenz jenseits des Egos zu finden und sich selbst bedingungslos zu lieben. Er warnt davor, dass der Narzissmus zu Leiden und Isolation führen kann, da er auf einem fragilen und oberflächlichen Selbstbild basiert. Osho ermutigt die Menschen, sich von ihrem Ego zu lösen und sich ihrer wahren Natur bewusst zu werden, um ein erfüllteres und authentischeres Leben zu führen.

\# Es ist wie bei den Hunden, die Kleinen, die am lautesten kläffen, das sind die, die am meisten Aufmerksamkeit brauchen.
Die, die höher springen müssen, damit sie überhaupt wahrgenommen werden, im Gegensatz zu denen, die erscheinen und sofort auffallen, weil sie **da sind**.
Bei den Menschen kann es ähnlich sein, die, die auffällig laut schreien, das sind nicht unbedingt die, die wirklich was zu sagen haben, sondern die, die ruhig und besonnen sind und selten laut und auffallend sind.

\# URVertrauen und Intuition sind dir näher, als du vermutest, zugedeckt und doch so normal, wie das Atmen.
Kein Mensch, der in Furcht oder Sorge oder Chaos lebt, ist frei, aber wer sich von Sorgen, Furcht und Chaos befreit, wird dadurch auch aus der Sklaverei befreit.   **Epiktet**

\# Ich verstehe, warum Menschen sich Hunden oft so nahe fühlen,
denn sie zeigen meist, wie Bedingungslosigkeit funktioniert.
Sogar dem, der Aufmerksamkeit dringend braucht.
Der im Defizit mit sich selbst steckt.
Schade, dass die Sorte Mensch häufig keine Tiere mag,
denn sie hätten gute Chancen, dadurch weniger die Menschen zu
quälen und selbst ein Stück Heilung zu erfahren.

\# Wenn du es träumen kannst, dann kannst du es auch
verwirklichen!
Schaffe dir dein Visionboard zur visuellen Unterstützung, auch,
wenn es als „veraltete Methode" verharmlost dargestellt wird!
Es sollte dir leicht fallen, die Dinge deiner Träume zu notieren,
selbst, wenn sie unerreichbar erscheinen. Starte mit banalen
Dingen. Wunder dich, wie viel davon nach wenigen Monaten
Wahrheit wird.

\# Du stiehlst dir selbst deine Macht, indem du sie anderen
nimmst und auch, wenn du deine eigene anderen überlässt!

\# Wusstes du, dass Glückskekse den Tag von mehr Menschen
schöner machen, als es negative Kritik je umgekehrt schaffen
kann? Also nimm dir die \# Sprüche und erschaffe dir deine
Glückskekse und mach deinen Tag heller damit.

\# Wenn du im Umgang mit Narzissten Selbstzweifel hast, dann sortiere genau, ob es tatsächlich deins oder seins ist.
Erkenne, mach es dir bewusst und dann kann Veränderung und Heilung geschehen.

\# Niemand anderer kann es wert sein, dass du dein Leben vermiest und du in dir heranzüchtest, was einen perfekten Nährboden bekommt, durch einen fremden Parasiten, der dir Energie abzieht. Verweigere dich dafür!

\# Wenn Wissen nur konsumiert wird, statt angewendet, kann es zur Qual werden, statt zur Erlösung!

\# Wenn du die Welt verändern möchtest, fang bei dem an, den du im Spiegel siehst, dann hast du alles in der Hand.
Jede Macht, die du dir erträumst, jede Menge Potenzial und beste Erfolgschancen und jederzeit Zugriff!

\# Löse, was dich unnötig bindet und starte heute damit!
Warte nie damit, bis der neue Tag erst kommt. Mach es JETZT.

\# Oft fällt es schwerer, sich selbst zu vergeben, als andern.
Das liegt daran, dass viele sich selbst weniger zutrauen, als anderen. Ändere es sofort. Mach solange Herzatmung, bis…

\# Zeit ist schnell, trotzdem nimmt sie Verletzung nicht weg.
Zeit heilt keine Wunden. Sei egoistisch und vergib alles.
Du selbst heilst Verletzungen, wie es Zeit niemals schafft.

\# Wenn du Hass bestehen lässt, reißt du alle Brücken hinter dir ab,
Vergebung schafft Brücken.

\# Wenn jemand etwas Böses schreibt oder auf Angriff aus ist,
geh davon aus, dass derjenige die Worte nie zum eigenen
Spiegelbild spricht und ignoriere den Inhalt. Vergib ihm und hab
Mitgefühl, der darf sich selbst 24 Stunden am Tag ertragen und
du hast die freie Wahl und kannst den Umgang jederzeit stoppen
und gehen, welch ein Glück.

\# Wenn du die Verzeiharbeit mit einem Narzissten oder einem
anderen Peiniger machst, rede niemals mit demjenigen darüber,
er fühlt sich indirekt missbraucht und wundere dich nicht, wenn du
die Übung gemacht hast, dass sich in deinem Leben vieles zum
Positiven verändert oder er sich plötzlich zurück meldet, obwohl
du den Kontakt abgebrochen hast. Bleib standhaft und bleib in
deinem eigenen Leben und lass die Vergangenheit gewesen sein.

\# Oft ist das Gras in die falsche Richtung gewachsen und deshalb
heilt die Zeit keine Wunden.

\# Wenn du getriggert wirst, drück deine innere IGNOR Taste und pass auf, dass du dabei nicht lachst, solange der Betroffene in der Nähe ist und hab Spaß dabei.

\# Die Geschichten die wir uns erzählen bestimmen unser Leben! Schreibe diese Geschichte bewusst selbst, dein Happy End, dann änderst du dein Leben und bestimmst es selbst!

\# Verdrehen und verbiegen kannst du dich, fragt sich nur, wie lange du das schaffst, weil du vermutlich keinen Gummirücken hast. Ansonsten wird es irgendwann zu Schmerzen führen.

\# Sei derjenige, dem du gern selbst begegnen möchtest! Mit dem du gern befreundest bist und den du auf der Stelle heiraten würdest. Dann weißt du, dass du immer dein Bestes für dich gibst und auch bei anderen!

\# Wenn du verletzlich und offen einem gegenüber stehst, bist du unantastbar, im Gegensatz dazu, wenn du mit erhobenen Fäusten dort stehst.

\# URKraft ist in dir drin, sonst würdest du dein Bett niemals mehr verlassen. Künftig wirst du Antrieb und Freude haben, deine Kraft leben und wirst dir von Tag zu Tag immer näher kommen und dir mehr vertrauen, als du es je zuvor gemacht hast.

\# Energie läuft frei und rund, wenn du frei bist. Wenn du frei von allen Konzepten bist und an deine Wurzeln angebunden.

\# Wenn du erst 100 Dinge zusammen sammeln musst, damit du aus dem Haus gehen kannst, für alle Eventualitäten, dann bist du belasteter, als wenn du spontan losziehst. Schau hin!
Sei endlich du selbst und lebe dich und deine **eigene** Wahrheit, dein Drehbuch, wofür du kein Schauspieler sein musst, sondern **NUR** du selbst, dann bist du überall frei.

\# Wer die URKraft wieder für sich nutzt, der gewinnt nach und nach Zugang zum eigenen Vertrauen in sich und das Leben.
Der spürt dort die Sicherheit, die er sich immer gewünscht hat und oft bei anderen Menschen im Außen gesucht hat.
Atme in dein Herz, je öfter umso besser und desto näher kommst du in diese Verbindung!

\# Wer du bist, das kann sich jederzeit ändern. Also ignoriere, was andere über dich denken oder von dir halten. Es sagt nichts über dich und dein Leben / deinen Entwicklungsprozess aus, das kannst du nur selbst fest stellen, frei von Urteil, sondern aus deiner Sicht! Mach dich FREI! Atme tief ein und bleib beim Atem.

\# Bedenke, irgendwo auf der Erde ist immer Sturm und nicht mit jedem Sturm hat jeder zu kämpfen, also halte dich aus den Stürmen fremder Gewässer raus.

\# **URVertrauen** kannst du aufbauen, auch, wenn du es nie gelernt hast, es ist in dir und eine der wichtigsten **Quellen** des normalen Lebens! Selbst, wenn du denkst, dass du niemals **URVertrauen** hattest, so solltest du es in diesem Werk schon erkannt haben, dass es dein EGO oder Verstand vortäuschen wollen und niemals die Wahrheit sein kann, wenn wir wahrhaftige Schöpferwesen sind.

\# Anders wird es nur, wenn du es dich dazu ent: - : schließt und durch ziehst, alles dran setzt, dass sich etwas ändert und wenn du zu viele Rückfälle erlebst, nimm dir die Hilfe, die du brauchst! Niemand braucht alleine durchs Feuer gehen!

\# Wenn du deine eigene Kraft NUR um 1 % steigerst, wird sich dein Leben extrem verwandeln! Was du jetzt nicht für möglich hältst! 1 % ist gigantisch! Damit liegst du schon weit über der Durchschnitt des Kollektivbewusstseins und kannst weiter gehen. Mehr Vertrauen, Bewusstsein, Stärke, Motivation, Freude, Selbst…. ALLES! Frei von Manipulation & durch Aktivierung von dem, was IN DIR STECKT und niemand stülpt etwas über dich, was dir fremd ist oder was du auswendig lernen musst!

\# Wenn die Sklaven auf dem Deck auf die zeigen, die unter Deck rudern, ändert es NICHTS daran, dass sie alle Sklaven sind!

\# Wer ständig mit Groll auf seine Vergangenheit schaut, statt los zu lassen, lebt in der Vergangenheit, statt im JETZT und Sklave seiner eigenen Vergangenheit.

Lebe das Leben vorwärts
und nicht rückwärts

\# Denk an Vergebung und an Loslassen, gern aus Vernunft, weil du deine Intuition vermutlich nicht wahr nehmen kannst.

Sobald du Vergebung gemacht hast, in dein Herz atmest:
geh rückwärts ZU DIR HIN, zurück an deine Wurzeln, du bindest
dich an deinen URSprung und lebst dann dein Leben vorwärts!
Du bist der Mittelpunkt in deinem eigenen Leben und auch in meinem
Leben, denn FÜR DICH habe ich diese Mutmacher zusammen
getragen und jeder wird hier etwas finden, was ihm hilft und was ihn
zu SICH bringt! Deine Zeit ist unwiederbringlich und soll meinerseits

konsequenten DU! Als RÜCKWÄRTS-MENTOR helfe ich dir, das möglichst aufzulösen, was dich derzeit blockiert und in diese „Abhängigkeit" gebracht hat, rückwärts an deine Wurzeln, damit du vorwärts in dein wahres Leben kommst.

Es ist so wichtig für uns alle, auch die, die nicht von Mobbern oder Narzissten unmittelbar betroffen sind, ihr wahres Selbst zu erkennen und zu leben, denn auf eine gewisse Art sind wir alle gemeinsam betroffen, wenn es in unserem Umfeld geschieht, denn wenn sie nicht gestoppt werden, verbreiten sie sich immer mehr, wie eine Krankheit. Deshalb hilft deine Stärke für so viele, wie du es dir vermutlich nicht bewusst bist! Es wirkt sich so sehr aus und ich halte es für meine Pflicht, Peiniger zu reduzieren, weil sie keine „Griffe" mehr bekommen, ihnen die Gelegenheiten aus gehen.

Atme in dein Herz, wenn es schwer wird und wenn es zu schwierig wirkt, dann nimm dir Hilfe, es bringt nichts, wenn du zu weit von dir entfernt bist und dich auf Distanz hältst! Wenn du dich weiterhin quälst, dann ist der Inhalt HIER noch zu oberflächlich FÜR DICH oder dein Verstand/Ego hat es verhindert und ausgebremst! Dein Unterbewusstsein ist dein wichtigster Ratgeber und der darf im Boot sitzen, damit dir näher kommst.

Mit den genialen Übungen aus dem Hauptwerk haben sich Menschen Abhängigkeiten und Süchten raus manövriert, ihr wahres Leben auf

gebaut. Es wurden viele wahre Begebenheiten für dich zusammen getragen und einige helfende Erleuchtungsmomente gezeigt, die du kopieren kannst oder siehst, wie leicht es klappt.
Etwas für dich zu tun, statt gegen jemand im Außen Barrieren hoch ziehen zu müssen, denk dran: der beste Schutz ist, keinen zu benötigen!

Ich selbst habe auch meine Erfahrungen zusammen getragen, in den letzten Jahren wurden mir jede Menge alter Begegnungen wieder bewusst und ich bin dankbar, dort wieder ran gekommen zu sein, an mein Unterbewusstsein. Damit kann ich anderen wieder besser helfen.

Wie du schon mitbekommen hast, arbeite ich meist mit Menschen, die in Unternehmen sind und Menschen müssen weder in Firmen arbeiten, noch überhaupt arbeiten, um BETROFFEN zu sein, diese Schriften sind für jeden geeignet und auch mit meiner Hilfe und Aktivierung deiner URKräfte!

Je mehr du in DEINE URKraft kommst, wird sich dein Umfeld mit aus der Verwicklung lösen und heilen und Übergreifer verschwinden.
Du wirst fähiger sein, NEIN als vollständigen Satz zu nutzen, ohne in die Argumentation zu rutschen, aus deiner inneren Kraft und so, dass niemand drängt oder in Nötigung verfällt, um dich zu etwas zu überreden.
Merkst du diese Leichtigkeit? Den Unterschied zu sonst, wo du dich

nicht Mal getraut hast, NEIN zu sagen, geschweigen denn die Begründungen einfach weg zu lassen?!

HIN ZU DIR bedeutet konsequent ICH und volle Kraft voraus, die Anbindung, der Gewinn, der durch kein Lob im Außen aufgewogen werden kann!

Fremd-Steuerung wird mehr und mehr in die Vergangenheit gehören und Lobbyübergriffe reduzieren sich hoffentlich auf Null.

Interessiere dich KONSEQUENT FÜR DICH und dann gehört die Qual durch andere immer mehr in deine geschichtliche Zeitlinie und du kannst dein JETZT genießen und dich zurück besinnen und SEIN.

Du wirst dir von Tag zu Tag immer bewusster und die Kraft trägt dich.

Anhang: Herzatmung

Übung	Rettungsanker

Wenn du Rettung brauchst, in einer dekstruktiven Emotion steckst, Wut, Hilflosigkeit, Erschütterung, Ohnmacht, Rat benötigst, dann atme **TIEF in dein Herz rein**. Ja, jeder KANN das, wir können bewusst in den Bauch atmen, um tief zu atmen, was wir beim Sport automtisch tiefer machen und besser, als üblich und so können wir den Atmen an jede Stelle steuern, sogar aus den Füßen heraus kannst du atmen, aus dem Ellbogen oder dem kleinen Finger! Also atme TIEF in dein Herz und atme Freude und tiefe Verbindung ZU DIR SELBST wieder raus und mach das helfende Gefühl größer und intensiver. DAS ist die absolute Rettung für die Menschen, die es ausprobieren! Sie bleiben dabei und machen diese Atmung häufiger, machen sie zum Dauerzutand. (Siehe Herzatmung, die hier immer wieder empfohlen wird) und JA, auch die **Herren** sind gemeint!

Stopp das Denken und atme in dein Herz. Das geht leicht und jeder kann es, starte zuerst mit anderen Körperstellen, wenn es dir anfangs schwer fällt, zum Üben und aus dem Herzen heraus wirst du garantiert eine postive schnelle Verbesserung bemerken. Jeder kann es und jeder wird irgendwann begeistert sein, wer es probiert und länger praktiziert. Diese Kraft und Stärke, Verbindung zurück und HIN ZU DIR wird dir gut tun, so soll es zumindest sein. Falls es nicht klappt, MELDE DICH bei uns!

ZU SICH SELBST kommen, bei sich selbst zu **bleiben** – frei von Egoismus – wenn du immer in deinem Herzen bist, dann kann so wird Leichtigkeit frei, wie kaum andere Techniken, Übungen es schaffen! Aus diesem Zustand wirkt ein Peiniger wie ein Komidien auf dich! Genau DA liegt die Chance, wie du dich an dich selbst heran tastest. Dadurch relativiert sich einiges um dich herum! Falls es noch nicht sofort wirkt, bei Angreifern, dann geschieht es noch aus Gewohnheit, seine Wahrnehmung darf neu justiert werden!

Mach es zum Teil deines Alltags, du kannst es überall machen und garantiert ändert sich nach einigen Wochen so viel mehr und du strahlst mehr! Gib dieser Atmung einen besonders großen Platz.

WICHTIGE lebensverändernde Übung	Atmung

Stell dir vor, dass du komplett entspannt bist, du lebst aus dem vollen Herzen und der Freude, alles ist so, wie du es je erträumt hast, an 24 Stunden und 7 Tagen, mit voller Gesundheit. Du erlebst grade wieder einen der genialen Tage und freust dich so richtig. Atmest tief in dein Herz und auf deinem Gesicht hast du das größte Lachen, was du haben kannst. Du machst nur noch, worauf du Lust hast und deine absolute Berufung.

Nimm es mit jeder Zelle wahr und mit allen Sinnen. Wirf dich so richtig hinein und stelle es dir vor und mach es dir bewusst und atme in dein Herz und atme dieses Extrem aus und mach es größer und riesig groß. Wenn du kannst, stell dir vor, du bist in dich selbst verliebt.

Während du in dieser Energie bist, kommt der Narzisst oder Peiniger auf dich zu und möchte deine Energie anzapfen und abgreifen, ein Mobber steht vor dir und macht dich bei deinen Lieblingsmenschen schlecht und erzählt denen, dass du ein Egoist bist. WIE würdest du auf solche Angreifer oder Energie-Staubsauger **nun reagieren**, aus dem unendlichen Gefühl der Fülle. Wie verfährst du nun mit solchen Leuten? WÜRDEST du noch in Reaktion gehen oder dich lachend abwenden und verschwinden?

Bring dich immer in diesen Zustand, **so oft es geht** und atme gleichzeitig tief in dein Herz, und atme diese Kraft aus und mach sie beim Ausatmen größer und stärker.

Vermutest du, dass sich etwas ändert, wenn du in diesem Zustand bist? Du bist komplett bei dir und deiner vollen Aufmerksamkeit, im

Herz, in diesem starken Organ, was mehr Kraft hat, als die meisten ahnen und was von keiner Wissenschaft erforscht wurde! Lass diese Herzenergie in jede Zelle fließen.

Das sollte jedem MEHR Wohlbefinden bereiten, als Komplimente von Wildfremden!

Wenn du dir dieser Stärke bewusst bist, dann denk bitte dran, dass du sie jederzeit **selbst herstellen** kannst, indem du dich verbindest. Dann wird es dir auch möglich, dir einen eigenen Test zu genehmigen. Bevor du das nächste Mal mit einem Narzissten zu tun hast bzw. bevor du überlicherweise **reagierst** und dich DAMIT bewusst einlässt und demjenigen die Eintrittskarte und Erlaubnis gibst, machst du 20 tiefe und bewusste Herzatmungen und dann prüfe die Situation nochmal. Damit du vorher üben und deine Erfahrungen sammeln kannst: Nutze es im normalen Alltag, wenn du unterwegs bist, im Supermarkt oder beim Sport. Du wirst dich wundern, was sonst noch alles passieren wird. Geh ohne Erwartung heran, sonst schaffst du dir eine neue Abhängigkeit. Probier es und genieße!

Dann hast du die Generalprobe für schwierige Situationen bereits geschafft, wo es drauf ankommt. Wenn du es vergessen hast, während eines Übergriffs, denk beim nä. Mal dran, freu dich auf das nächste Mal und wunder dich über dieses genial Tool, was kostenlos ist und überall verfügbar. Genial und absolut wirkungsvoll, du änderst sogar die Tonlage deiner Stimme und entspannt dich. Denk an den Wissenschaftler Don Estes, der es ebenfalls bewiesen hat.

Erinnere dich daran, was ich bereits geschrieben habe, dass ich eine schwierige Zeit überstand, durch Humor und Improtheater. Das war so hilfreich und ähnlich ist es hiermit, du kannst schwierige Emotion umgehend und sofort beseitigen und schneller, als mit allem, was ich bisher kennen lernte. Viel Spaß dabei.

Bestimme JETZT selbst, ob du ein Teil in der HighScore eines anderen bist oder dein eigenes Drehbuch in die Realität umsetzt und in welcher Geschwindigkeit du das machst. Bis bald und ich freue mich auf dich.
Das Leben ist Wirklichkeit und keine Probe.
Die Politeuse für URVertrauen, Anbindung an deine URKraft,
die gern dabei hilft, Eckiges RUND zu machen.
Die, die auf den Namen aNette hört,
manchmal, nicht immer!

www.123befreit.de   www.Optimisten.123befreit.de
Email: 123befreit@gmx.de   youtube: @AHA_Optimistenkanal

Wenn du einen der mit **#** markierten Sinnsprüche weiter zitierst, dann bitte mit der Nennung des Verfassers und der Webseite:
aNette Freifrau von Hüttmann® (Künstlername, kein Adelstitel, sondern frei von der Frau aus der Verwaltung)

MILK Strategie Motivations-Ideen-Lösungs-Karussell
RÜCKWÄRTS-Mentoring
Eckiges wird rund
www.123befreit.de

© 2024 aNette Freifrau von Hüttmann
Herstellung und Verlag:
BoD – Books on Demand, Norderstedt
ISBN: 9783759767622